W0342300

© Insel Verlag Frankfurt am Main und Leipzig 2002

Sigrid Damm · Hamster Damm

Tage- und Nächtebücher aus Lappland

Insel Verlag

Sigrid Damm · Hamster Damm

Tage- und Nächtebücher aus Lappland

Der hohe Norden mit seiner archaischen Landschaft, seinen lichtdurchfluteten Sommernächten, den flammenden Herbstfarben und der Winterfinsternis ist der Schauplatz dieses Buches.
Erzählt wird die Geschichte einer Wanderung in dieser Landschaft, in Lappland, Schwedisch-Lappland, im Padjelanta. Baddjelánnda, das höhere Land, nennen es die Samen, deren Rentiere seit Jahrhunderten dort weiden. Das Gebiet ist von Wasser umgeben; um hineinzukommen, sind die Wanderer auf einen Fährmann angewiesen, um wieder hinauszugelangen, muß ein Fährboot sie übersetzen.
Zwei Menschen, eine Frau und ein Mann, wandern durch das Baddjelánnda. Die Frau ist fast sechzig. Der Mann um die Dreißig. Sie wandern den gleichen Weg, wandern in der gleichen Jahreszeit. Aber in verschiedenen Jahren; mehrere Jahre liegen zwischen der Wanderung des Mannes und der der Frau.
Beide suchen sie die Einsamkeit. Jeder wandert für sich allein. Fortbewegung mit den Füßen, Gehen als eine Form der Bescheidenheit. Der Körper wird zum Maß; ein menschliches Maß. Sieben Tage und Nächte dauert die Wanderung. Des Nachts öffnen sich Traumtüren. Am Tage setzt der Rhythmus der Schritte die Erinnerung in Gang. Durch den Kopf wandern Gegenwart und Vergangenheit: Ortsschwellen – Zeitschwellen – Gedächtnisfiguren. Die Linien der Berge werden biographische

Linien, die Wanderkarte wird die des Lebens, die der Gegenwart. Wohin führt der Weg? Die Landschaft als Fluchtraum? Vor den Großstädten, den medialen Überflutungen, den Netzwerken der Simulation? Erzählt wird von der Unmöglichkeit der Flucht. Die Quotengötter hocken auf den Bergen, Mitteleuropa wandert mit, die Geschichte haftet an den Sohlen.

Die Raum-, Bild- und Geräuscherfahrungen der durchwanderten Landschaft erweitern die Sinne der beiden Wanderer. Aber für den Mann und die Frau ist die selbstgewählte Einsamkeit jeweils etwas anderes. Während die Ältere, die Frau, auf ihr Leben zurückschaut, und ihr am Ende der Wanderung der Tod begegnet, geht der Blick des jungen Mannes nach vorn, geht in Künftiges.

Die »Tage- und Nächtebücher aus Lappland« sind ein offener Raum, in dem der Leser als Gast und Mitwanderer willkommen ist. Er kann sich niedersetzen, innehalten, weiterwandern. Umblättern, zurückblättern. Schrittgeschwindigkeiten. Verzögerungen. Die schnell erfaßten Bilder zerreißen den Lesestrom. Das Lesen erfordert die Langsamkeit des Auges. Die Bilder langsam lesen wie Worte, den Text wie ein Gemälde betrachten, bis die Bilder ihre Erzählungen freigeben und die Sprache zur Bildfläche wird. Der Leser, der Betrachter des Buches ist der Wanderer, der die Stimme der Frau und die des Mannes aufnimmt, der seine eigene Stimme hinzufügen und hören kann; er ist der Schöpfer des Buches, die Erzähler sind seine Zuschauer.

Erster Tag

Er: Das Padjelanta, ein Hochland mit Kahlfjäll, Gletschern, Mooren und weiten Wasserflächen. Gelegen in Lappland, Nordschweden, westlich des Sarek, an der Grenze zu Norwegen. Hier will ich eine Wanderung machen. Es ist September, die Wandersaison geht zu Ende. In drei Wochen beginnt der Winter. Mein Wanderweg beginnt in Kvikkjokk und endet in Ritsem. Am Ausgangspunkt in Kvikkjokk muß mich ein Fährmann am Delta des Saggat-Sees ein Stück den Fluß Tarraätno hinaufbringen, am Ende werde ich auf einen zweiten Fährmann angewiesen sein, dessen Boot mich über den großen Akkajaure-Stausee nach Ritsem übersetzen muß. Auf der Fahrt mit dem Bus nach Kvikkjokk ist die Landschaft breitgezogen, spiegelglatte ruhige Seen, kilometerweit Sümpfe und der Himmel über den Bergen blau. In Kvikkjokk am Delta des Saggat-Sees warte ich auf den Fährmann vor einer Hütte, an der Kaptensstugan steht. Der Fährmann erscheint, ein kleiner, untersetzter Same in Windjacke und khakifarbenen regenundurchlässigen Hosen

Am Gürtel trägt er ein Messer, die Füße stecken in Gummistiefeln mit Holzsohlen und Filz. Sein Schnauzbart ist grau. Die kleine Erhebung an der Oberlippe verrät den Snus, den Kautabak. Er betrachtet mich, er lächelt. Leicht ironisch, hintersinnig? Ich kann dich übersetzen, sagt er, aber zurück, auf der anderen Seite, wird es wohl keine Fähre mehr geben, es ist zu spät im Jahr. Wir verhandeln den Fährpreis. Überleg es dir noch einmal, sagt er. Ich setze dich über. Es ist deine Entscheidung. Ich zögere nicht, was soll ich am Anfang schon an das Ende denken und hat das Ungewisse nicht auch einen Reiz? Ich steige ins Boot.

Sonne. Wahnsinnslicht. Gelbloderndes Ufergras. Flammendes Herbstrot der Birken. Schweigend fahren wir den Tarraätno flußaufwärts. Am Ufer trinkt eine Elchkuh, für einen Moment stellt der Same den Motor ab. Als ich mich umdrehe, habe ich das Gefühl, er freut sich, daß wir bei der Fahrt mit seinem Boot Elch-Glück haben. Später nähern

wir uns der Anlegestelle. Am Ufer warten vier vom Wetter zerzauste Wanderschweden. Sie haben alle etwas im Blick, als seien sie erleuchtet. Ich verabschiede mich von dem Fährmann, sehe, wie sich das Boot entfernt. Ich habe hundertzwanzig Kilometer zurückzulegen. Habe ein Zelt mit und Proviant für sieben Tage. Mein Zeitplan ist straff. In sieben Tagen will ich es schaffen. Was treibt mich, was will ich? Ich habe sieben lose Blätter bei mir, gestärktes weißes Zeichenpapier DIN-A4. Jeden Tag, nehme ich mir vor, werde ich einen der Zeichenkartons füllen. Eine Arbeitswanderung, ein Selbstversuch? Vielleicht ein Experiment mit der Einsamkeit. Die Berge als Raum der Stille, in dem die Gedanken ungehindert fließen können, nirgends anstoßen. Der Rhythmus der Schritte, der den Takt für die Gedanken vorgibt. Die Landschaft, die Natur mit ihrem Angebot tut das übrige: Meine Neugier, wie der Körper darauf reagieren wird. Vielleicht besteht das Experiment darin, in der Einsamkeit auf die Antwort des Körpers zu hören.

Sie: Jahre später. Ein anderer Fährmann. Ich habe Zeit. Der Fährmann hebt mir meinen Rucksack ans Ufer. Ich stehe eine Weile unschlüssig. Das Boot entfernt sich. Ich hucke den schweren Rucksack auf. Meine Wanderung beginnt. Die Bilder der Überfahrt in den Augen. Die Berge um Kvikkjokk, die in der spiegelglatten Wasserfläche des Flusses wiederkehren. Strukturen: Gras, Birken, Berge. Farben. Die klaren Uferlinien, alles zwiefach durch die Spiegelung. Eine Aufforderung, auf dem Kopf zu laufen … Das nordische Licht, das trunken macht. Ist es wirklich wahr, daß ich hier bin, die Arbeit endlich hinter mir gelassen habe? Ich will an nichts mehr denken, nur aufnehmen, genießen, Atemzüge tun. Mein Weg führt mich durch Birken- und Fichtenwald, Bartflechten hängen von den Bäumen, alles ist mit Moos überwachsen. Die Feuchtigkeit der Erde läßt das Moos hellgrün leuchten. Ein Waldtunnel. Er umschließt mich förmlich, rechts und links des schmalen Pfades, auf dem ich laufe, ist das Unterholz so dicht, daß ein Durchkommen

unmöglich wäre. Niedrige verkrüppelte Birken; umgestürzte Bäume, verfaulte Bäume, ein kräftig süßer Fäulnisgeruch entströmt diesem Dschungel. Meine Füße auf dem schmalen Pfad. Der Rucksack, das Ungewohnte dieser Last. Mehrmals verstelle ich Hüftriemen und Brustgurt. Das Knacken der Zweige unter den Sohlen, das Vibrieren des Waldbodens, die Unebenheiten, Mooshügel, Wasserlöcher. Ich versuche meinen Körper mit dem Rucksack in ein Gleichgewicht zu bringen. Leicht nach vorn gebeugt laufe ich. Ich merke, wie schnell ich müde werde. Die Schultern schmerzen. Mein Kopf ist leer. Der Aufstieg scheint mir unendlich lang. Mit dem Wanderstock versuche ich die Schritte zu akzentuieren, mir den Takt vorzugeben. Langsam, allmählich: Schrittmaß, Schrittgeschwindigkeit. Mein Körper stellt sich auf Wanderschritte ein.

Er: Rhythmus der Füße. Die Gedanken wandern. Die Füße erinnern sich: Wegstrecke – Zeitstrecke, gegangene Wege. Meine Augen sind auf den Boden geheftet – die Geschichte der Landschaft kommt mir in den Kopf – meine Füße, spüre ich auf einmal, stecken nicht mehr in Wollsocken, sie sind nackt, meine Schuhe sind mit Moosgras ausgepolstert, und meine Wanderschuhe, sehe ich, verwandeln sich langsam, ganz langsam in näbbskor, in lappländische Stiefel, wie sie früher die Samen trugen. Die Landschaft hier ist uraltes Gebiet der Samen. Seit Jahrhunderten – bis heute – ist das Padjelanta Sommerweidegebiet für ihre Rentierherden. Auf meiner topographischen Karte 1 : 100000 sind neben den Sommer- und Winterwegen für Wanderer die Renstängsel, Renvaktarstugas und Rengärden eingezeichnet, die Rengatter, Wächterhütten und die Flächen der Rentierweiden, letztere markiert mit dünnen schwarzen Linien aus Schrägstrichen. Baddielánnda heißt das Gebiet auf samisch und es bedeutet: das höhere Land.

Die Legende von Jubmel

Als Jubmel, der heidnische Göttervater, Lappland, das Land der Samen, schuf, war es auf alle mögliche Weise gut. Die Berge waren aus Gold und Silber. Die Wälder groß und dicht, und die Bäume trugen köstliche Früchte. Aber der Streit um Besitz kam über das Land; Attjis erschlug aus Habgier seinen gutherzigen Bruder Njavvis. Jubmel verbannte Attjis daraufhin zur Strafe auf den Mond. Und da er sah, Reichtum und Überfluß waren nicht gut für die Menschen, beschloß er, allen Überfluß zu verbergen. Die Menschen sollten nie etwas davon bekommen können, ohne danach zu suchen und dafür zu arbeiten. Er kehrte im ganzen Land das Unterste zuoberst, das Gold und Silber der Berge verbarg er unter Erdreich und Gestein, und er verbarg den Reichtum der Wälder. Erst wenn die Menschen ebensogut wie Njavvis sein würden, könnten sie die Reichtümer wiederfinden und die ehemals gute Zeit würde zurückkehren. Bis dahin aber ist das Land, wo die Samen wohnen, ein karges und armes Land.

Als Jubmel das Land der Samen umwendete, geschah es, daß alles Wasser über die Erde floß und die Menschen allesamt ertranken. Nur zwei Kinder, Geschwister, Batje und Nanna, hatte er auf einen hohen Berg getragen. Dort lagen sie und schliefen. Als sie erwachten, konnten sie sich in dem Land nicht mehr zurechtfinden, denn es hatte nun ein ganz anderes Aussehen. Die Geschwister liefen den Berg hinab und wanderten lange, ohne einen einzigen Menschen zu treffen. Da sagte Batje zu seiner Schwester, laß uns für einige Zeit voneinander scheiden, jeden in eine andere Richtung gehen, um Menschen zu treffen. Der Junge wanderte nach Norden, das Mädchen in südliche Richtung, aber

Menschen trafen sie nicht, und in der Einsamkeit wurde ihnen sehr schwer ums Herz. Als sie ein ganzes Jahr unterwegs waren, geschah es, daß beide aus weiter Ferne eine Gestalt auf sich zukommen sahen. Nun sei das Glück ihnen hold, dachten sie und wußten nicht, daß sie es selbst waren, die aufeinander zuliefen. Als sie einander nahe waren, erkannten sie sich. Und Batje sagte erneut zu Nanna, laß uns noch einmal unser Glück versuchen. Und sie wanderten, der eine gegen Sonnenaufgang, der andere gegen Sonnenuntergang. Sie sahen vieles auf ihren Wegen, lernten viel, aber andere Menschen erblickten sie nirgends. Als sie wieder ein Jahr gewandert waren, hatten sich beide sehr verändert und dennoch erkannten sie sich sogleich. Du bist Batje, rief das Mädchen. Und du bist Nanna, sagte der Junge. Und sie küßten sich und blieben eine Zeitlang beieinander, aber sie waren nicht mehr sorglos und froh wie früher, sie waren von einer Unruhe erfaßt, oftmals suchte jeder für sich die Einsamkeit, obgleich sie einander sehr mochten. Eines Tages zog Batje ohne Abschied fort. Und Nanna, allein in dem großen weiten Land, weinte bittere Tränen.

Da ließ Beijen-Nejta, die Tochter des Sonnengottes, einen tiefen Schlaf über Bruder und Schwester kommen, und als sie erwachten, fanden sie sich wieder, aber sie erkannten sich nicht. Doch beide wurden sie sehr froh, als sie sich sahen. Sie lebten viele Jahre zusammen und waren glücklich, bis zu ihrem Tod. Von Batje und Nanna stammen alle Samen ab. Und wie sie umherwanderten, um Menschen zu suchen, aber nur sich selbst fanden, so wandern die Samen noch heute ohne Rast vom Gebirge zum Meer und vom Meer zum Gebirge.

Er: Nach einem langen, allmählichen Aufstieg – fünf Stunden bin ich gelaufen, immer im dichten Wald – lichtet er sich, ich verlasse ihn. Ich bleibe stehen, wende mich um, ich kann das Tal überblicken, meine Tagesarbeit, mein Weg liegt im roten Licht der Abendsonne vor mir. Ich erinnere mich an meine allererste Begegnung mit der nordischen Landschaft. Als Besucher, als Tourist, war ich nach Lappland gekommen. Mit meiner damaligen Frau zu ihrer Freundin Beatrice, einer Deutschen. Sie hatte nach Nordschweden geheiratet, lebte mit Mann und Kind in Roknäs, einem kleinen Dorf unweit des Bottnischen Meerbusens. Mit ihnen erlebte ich mein erstes Mittsommerfest. Und um die Mitternachtssonne zu sehen, fuhren wir weiter nordwärts, nach Abisko, in die Berge Lapplands. Wir übernachteten zu fünft in einem kleinen Raum in einer Jugendherberge. Die Mücken stachen, das Kind war unruhig, ich lag schlaflos. Gegen zwei Uhr ging ich nach draußen. Die Mitternachtssonne stand am Himmel, warf ein scharfes Licht, die Landschaft wirkte wie überbeleuchtet, jedes Detail sprang mich an. Von dem Weg, auf dem ich ging, kam ich ab, verirrte mich, geriet in sumpfartiges Gelände. Das Gebiet war ohne Baumbestand, ein flaches Kahlfjäll, die Horizontlinien lagen nach allen Seiten weithin sichtbar. In der Ferne hörte ich einen Wasserfall. Ich hörte Vogelstimmen. Sonst war es still. Der Raum der Landschaft wurde von Klängen definiert, von der Stille, dem Wasserfall und den Vögeln. Alles war ganz real. Das gab es also noch, Wasserrauschen, Vogelstimmen, Stille. Niemand kam mir entgegen, niemand folgte mir. Ich war allein. Und das für Stunden. Ich reflektierte es ungläubig. Die Einsamkeit verwirrte mich. Ich atmete, sog das Alleinsein ein. Ich war privilegiert. Alles gehörte mir. Meine Schritte schienen mir die ersten hier.

Mit einem Mal glaubte ich mich zu täuschen, alles war nicht wirklich, die Klänge kamen aus meinem Sampler, ich hatte mein Geräuschmagazin geöffnet. Ich dachte an Berlin, die Großstadt, in der ich lebe. Mit Kopfhörern lief ich vierspurige

Autostraßen und endlose Häuserfassaden entlang, Musik dröhnte, ich lief durch die Kanalisation, sah die Stadt von unten; sie glich einer Luftaufnahme im Krieg. Ich sah mich in meiner engen Berliner Behausung im Prenzlauer Berg – sechzehn Quadratmeter, mit der Küche zwanzig. Die Wohnung vollgestopft mit Bühnenbildmodellen, Computern, Samplern, Keyboard, mit Farbdosen, Pinseln, Papieren, Werkzeugen, Aktenordnern, mit Regalen voller Schallplatten und Bücher, Schubfächern und Schränken voller Zeichnungen. Holzgestelle bis unter die Decke, um Lagermöglichkeiten zu haben, Schaffelle darauf, Kanister mit Gummimilch zum Puppenbauen, eine Nähmaschine, Säcke voller Stoffreste. Ich sah mich umstellt, bedrängt, zugeschüttet. Meine Gedanken stießen überall an. War ich nicht auf dem Wege, mich ausschließlich von virtuellen Freiheiten zu nähren, von sich steigernden und verfeinernden Formen von Simulation?

Hier schien mir der Himmel wie eine riesige Leinwand, die bemalt werden wollte, eine leere Blätterfolge, die zum Zeichnen aufforderte. Die Landschaft war wie ein offenes Atelier, durch dessen Räume ich gehen konnte, ohne Schlüssel zu brauchen. Erwartung klopfte in meinen Schläfen. Dies war der Moment! Die Initialzündung. Ich wußte, da, an diesem frühen Morgen in Abisko: ich muß mein Leben ändern. Der heftige Wunsch erfaßte mich, hierzubleiben, mich festzusetzen in dieser Einsamkeit, dieser Ruhe. Von einer Sekunde zur anderen stand mein Entschluß fest. Hier war mein Ort, meine Landschaft.

Noch am gleichen Tag fragte ich Beatrice, wie es in Schweden um den Erwerb eines Hauses bestellt sei. Mein Entschluß an diesem Morgen schien mir der einfachste und logischste der Welt. Und er war unumstößlich. Ein Jahr nach jenem Morgen in Abisko wurde ich – ich war gerade dreißig – Besitzer eines kleinen roten schwedischen Holzhauses in Roknäs.

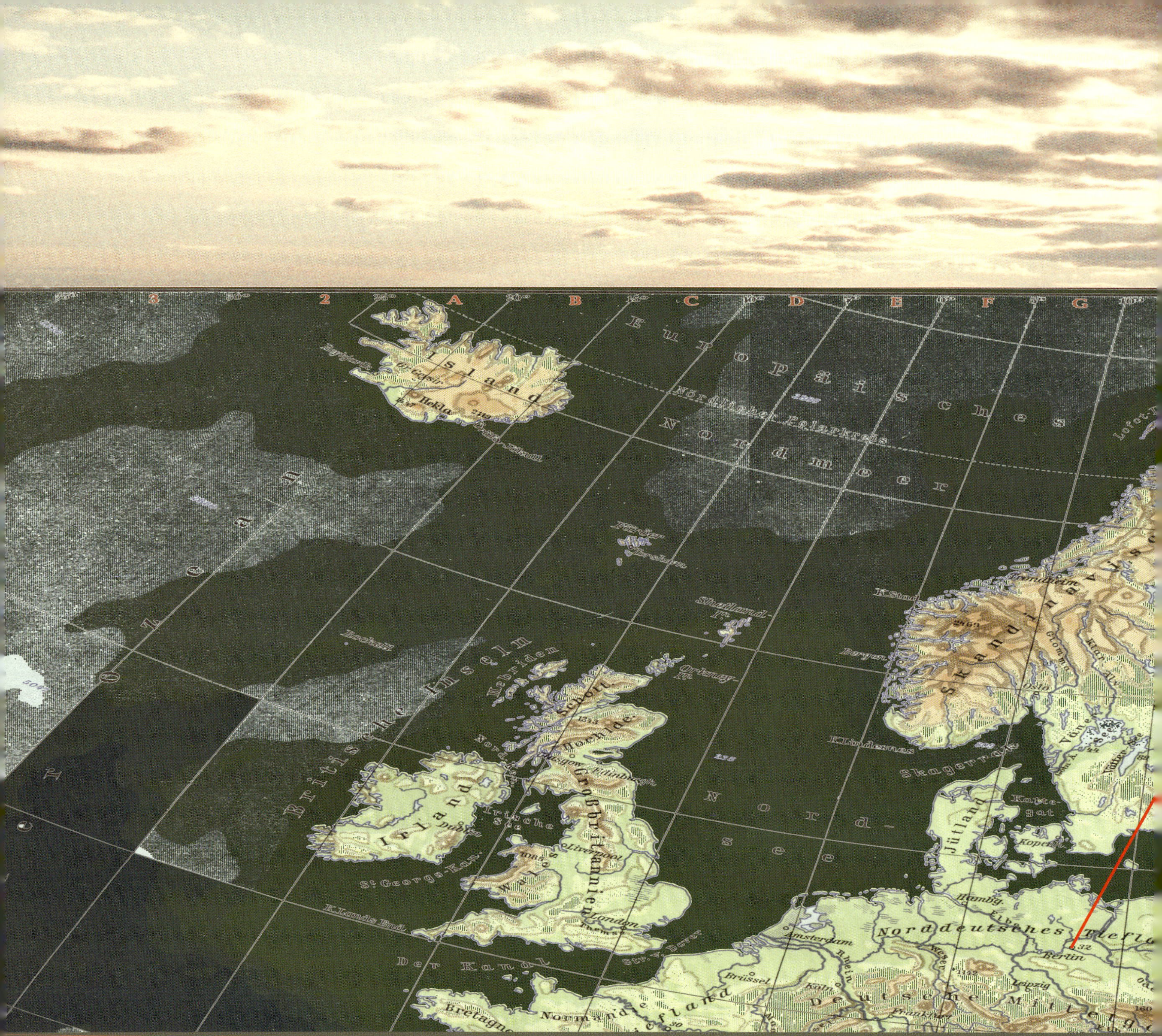

Sie: Die Zufälle des Lebens. Nicht das unwiderstehliche Bedürfnis, Lappland zu sehen, führte mich hierher, sondern die Neugier, was meinen Sohn getrieben haben mochte, nach dem Zeiteinschnitt 1989, als viele aus dem Osten nach Süden und Westen drängten, zweitausend Kilometer nordwärts, unterhalb des Polarkreises ein Haus zu kaufen. Er stand am Flughafen, als ich in Luleå landete. Er war braungebrannt, er hatte sich verändert. Ich grübelte, was es sei. Dann erkannte ich es. Es war ein mir unbekanntes Leuchten in seinen Augen. Wir fuhren nach Roknäs. Auf der Fahrt Wasser, Weite – in Piteå die rauchenden Schlote einer Papierfabrik. Das Dorf Roknäs. Storsöder 31. Er fuhr die Birkenallee entlang, von der er mir am Telefon erzählt hatte; an deren Ende stand sein rotes Holzhaus. Er zeigte mir sein Anwesen. Birken, die Allee der Birken, immer wieder Birken, aber auch Fichten, Ebereschen, freie Flächen, kein

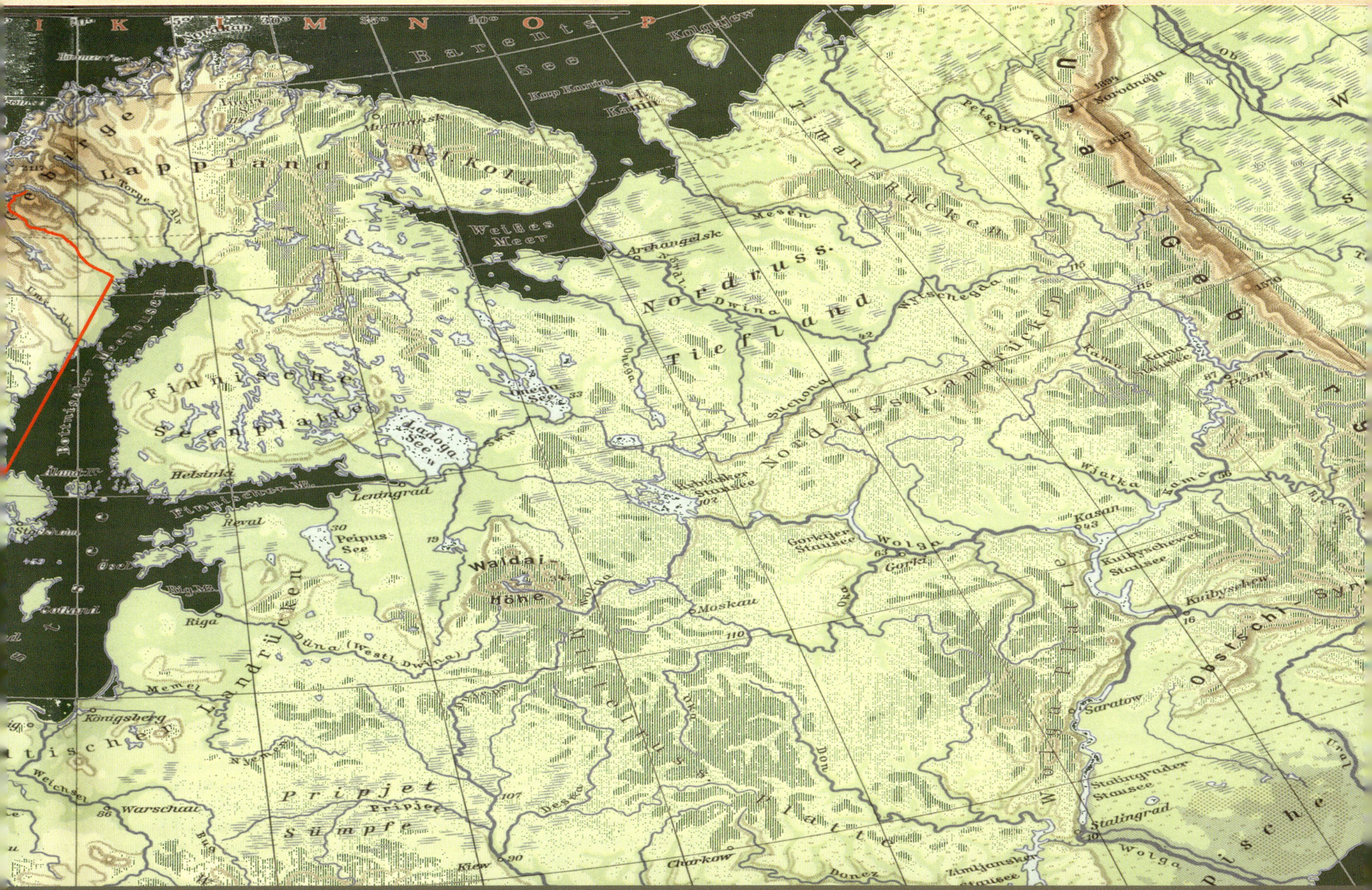

Zaun darum, alles zusammen hundert mal hundert Meter im Quadrat. Mehrere Gebäude auf dem Gelände, wie es in Schweden üblich ist: Sommerhaus, Holzstall, Vorratshaus, Scheune. Eine große Scheune, neu gebaut, eine betonierte Halle für Traktoren und landwirtschaftliche Geräte. Das Haupthaus war abgebrannt, damit war das Grundstück für den Besitzer, einen Landwirt, wertlos geworden. In der Scheune hat der neue Besitzer sich sein Atelier eingerichtet, Maschinenhalle nennt er es. Das kleine Sommerhaus mit der Terrasse. Der rote Raum darin war zugleich Küche, Wohn- und Arbeitsraum. Da standen seine Computer, Keyboard und Sampler. Daneben ein winziger Schlafraum mit Bett und Schrank. Alles war einfach, spartanisch, auf Arbeit ausgerichtet. Ich dachte an Fühmanns kleines Haus im märkischen Sand. *Es bleibt nichts anderes als das Werk.*

Sie: Rentiere, einzeln und in Gruppen, von weitem, in der Nähe, zwei begleiten mich eine Zeitlang. Ich erreiche zwei Hütten. Es können nur Behausungen von Samen sein. Kein Mensch ist zu sehen. Der Weg zwischen den Hütten ist von Reifenspuren eines kleinen Geländetraktors ausgefahren. Für die Samen hat der Winter wohl schon begonnen, sie sind ins Tal gezogen. Wenige Meter hinter den Hütten steht ein verfallenes Haus. Ich hucke den Rucksack ab, mache Rast. Das Dach ist eingestürzt, die Fensteröffnungen sind leer. Die Faszination, die von dem totenbleichen Holz

ausgeht. Die verwitterten schweren Balken, grob behauene Baumstämme, aus denen die Blockhütte gezimmert wurde. Ich erinnere mich an meine erste Nacht in Roknäs. Im alten Vorratshaus war ein Gästezimmer eingerichtet worden. Für mich war es sofort die Kammer. Decke, Wände, Fußboden, alles aus Holz; rohe Balken. Ein Rentierfell, ein Bett, ein Stuhl. Der Geruch nach Fell, Öl, nach Petroleum, das schwache Licht der Lampe. Ein Raum, zu dem mich sofort eine heftige Zuneigung erfaßte. Mir schien, als hätte ich schon tausendmal in dieser Kammer gelegen, in meiner

Seele war eine Vorstellung davon; es hatte nur dieser zufälligen Reise bedurft, sie in der Wirklichkeit zu finden, diese Kammer. Stark, voller Energie. Mir kamen Räume in den Sinn, in denen ich Schreibeinsamkeit gefunden hatte: Schloß Kochberg, das Hochhaus in Hoyerswerda, Wiepersdorf, Burg Falkenstein. Nun die Kammer. Beim Erwachen sah ich Morgenlicht durch Ritzen zwischen den Balken dringen, Zugwind wehte durch die Kammer. Es war kalt. Wir zerrissen eine alte Seidenbluse, stopften sie mit Spachteln in die Ritzen. Als wir fertig waren, sagte ich, einen kleinen Schreibtisch

könnte ich brauchen. Wir fuhren mit dem Auto über die Dörfer, beim Trödler in Luleå fanden wir einen kleinen Tisch. Als ich mich in Roknäs an ihn setzte, erfüllte mich eine Leichtigkeit, Heiterkeit, eine Schreiblust, wie ich sie seit langer Zeit nicht mehr kannte. Es floß aufs Papier. Für einen Moment trat mir meine Arbeit in ihrer endgültigen Gestalt vor Augen. Ich ließ mein Rückflugticket verfallen. Blieb und schrieb. Mit fast sechzig hatte ich meinen Ort gefunden: Roknäs in Nordschweden. Warum so spät dieser Ort? Weil man ihn nicht suchen kann, sondern finden muß, seinen Ort.

Sie: Jahre später wohne ich für sechs Monate in Rom in der Via del Corso, in der Casa di Goethe. Ich fühle mich fremd, es ist für mich ein unproduktiver Ort. Camera – Kammer –, Casa – Haus. Goethes unwiderstehliches Bedürfnis, Rom zu sehen. Sechsunddreißig ist er, als er an den Ort kommt; *hier wo ich schon lang einmal hätte seyn sollen, manche Schicksale meines Lebens wären linder geworden.* Kaum zwei Tage in Rom, schreibt er: *Nun bin ich hier und ruhig und wie es scheint auf mein ganzes Leben beruhigt. Ich lebe hier mit einer Klarheit und Ruhe, von der ich lange kein Gefühl hatte.* Und ein halbes Jahr später: *In Rom habe ich mich selbst zuerst gefunden, ich bin zuerst übereinstimmend mit mir selbst glücklich.* Noch

als Fünfundsiebzigjähriger wertet er die kurze Zeitspanne seines Rom-Aufenthaltes im Hinblick auf sein ganzes Leben: *Ja, ich kann nur sagen, daß ich nur in Rom gefunden habe, was eigentlich ein Mensch sei. Zu dieser Höhe, zu diesem Glück der Empfindung bin ich später nie wieder gekommen, ich bin, mit meinem Zustande in Rom verglichen, eigentlich nie wieder froh geworden.* Rom als seine Heimat? Seine Lebens- und Schreiborte Weimar und Jena dagegen die Fremde? Nie kehrt er zurück nach Rom. Bleibt er lebenslang an die Fremde gebunden? Norden und Süden. Auf seiner Reise nach Italien, er hat den Brennerpaß überquert, ist auf der Südseite der Alpen, notiert er: *Es ist mir als wenn ich hier gebohren und erzogen wäre und nun von einer Grönlandfahrt von einem Wallfischfang zurückkäme.*

Sie: Röknäs. Das Haus. Erinnerung an das erste Feuer am Abend meiner Ankunft. Im roten Raum am Kamin. Ein Eckkamin, wie er in Lappland nur noch in kleinen Dorfmuseen zu finden ist. Auf der Eisenplatte die Jahreszahl: 1855. Ein Spankorb mit Birkenscheiten. Scheit um Scheit wandert ins Feuer. Die wohlige Wärme, wir rücken ab, sitzen mit nackten Füßen. Das leise Zischen, Knacken, Auflodern, Sprühen des Feuers. Wir trinken schottischen Whisky, trinken Lagavulin, reden, reden. Über Einsamkeit, ihre Grade und Sphären. Einsamkeit des Festes, des Leids, die des Geschlechts. Wir reden über Männer, über Frauen. Er spricht davon, daß er nach seiner gescheiterten Ehe einer Frau begegnet sei, mit der er sich vorstellen könne, ein Kind zu haben. Sie davon, daß die Männer sich in ihrem Leben überflüssig zu machen scheinen, sie die Utopie einer Zweisamkeit aber nicht verabschieden kann.
Und dann reden sie über die für sie beide beglückende und lebensnotwendige Form der Einsamkeit, die der schöpferischen, der Arbeitseinsamkeit. Er erzählt von den Bergen, dem Aufwand für Alleinsein, für gewollte Einsamkeit, erzählt von den Feuern in den Nächten, von seinen Alpträumen; Träumen von Endzeit, Maschinenmenschen, Technoclubs, immer ist es die Großstadt, sind es überfüllte Flure, Treppenhäuser, Menschenleiber, dichtgedrängt. Er erzählt von seinem Suchen nach einem neuen künstlerischen Prinzip, das er in den Bergen zu finden glaube, von seinen hier entstandenen Arbeiten zu Andersens »Schneekönigin«, William Butler Yeats' »Rot-Hanrahan«, von seinen Plänen für »No time to lose«, einer Solo-Inszenierung, seinem Wunschtraum eines Naturtheaters, in dem als Hauptdarsteller das Wasser auftritt. Und sie reden über den zweitausend Kilometer entfernten geschlossenen überfüllten Warteraum Mitteleuropa mit seiner medialen Bilderflut, seinen sichtbaren und unsichtbaren Verschmutzungen, über die Reise nach Norden in die Einsamkeit, in das Offene, reden über Flucht und Unmöglichkeit von Flucht.

Er: Es wird Abend. Ich laufe in dem lang gezogenen Tal, in dem ich mein Nachtquartier finden will. Ich beginne heftig zu frieren, merke, mein Körper ist völlig ausgekühlt. Die starke Sonne, die noch immer über der Landschaft liegt, hat mich getäuscht, mich den zunehmenden Wind, den scharfen Luftstrom, der das Tal durchzieht, nicht wahrnehmen lassen. Ich erreiche das Ufer des Luoppal-Sees, suche eine Feuerstelle schlage mein Zelt dort auf. Wie bei diesem starken Wind das Feuer zum Brennen bringen? Trockene Hölzer liegen überall herum, ich sammle sie. Bin versucht, mit dem Messer, wie ich es bei den Samen gesehen habe, in den Stamm einer Birke zu ritzen und die Rinde wie Papier abzuziehen. Ich widerstehe hole aus dem Rucksack den Rindenvorrat, den ich bei mi trage. Mit einem Stückchen entfache ich das Feuer, füttere es vorsichtig. Ich bin stolz, schon nach kurzer Zeit brennt es. Als genug Glut da ist, setze ich den Kessel hinein, nehme mein samisches Trinkgefäß, eine Holztasse, aus einem As geschnitzt, der die Rinde des Baumstammes nicht zu durchstoßen vermocht hatte, sich statt dessen einrollte und als Bal aus dem Stamm herauswuchs. Die Tasse ist unverwüstlich, kann nicht zerspringen, da die Holzfasern keine geraden Linien bilden, sondern das Gefäß den natürlichen Rundungen folgt. Als ich, die Tasse mit beiden Händen umfassend, den ersten Schluck heißen Kaffee schlürfe, kommen mir die Tränen, es ist keine Rührseligkeit, es ist ein Glücksheulen, jetzt weiß ich, daß ich im Jenseits bin, wo alles doppelt schmeckt und jedes Detail groß werden kann. Beim Einschlafen im Zelt dann die Geräusche des Luoppal-Sees und das leise Zischen des verlöschenden Feuers.

Sie: Als ich das Ufer des Luoppal-Sees erreiche, bin ich erschöpft, friere. Ich baue mein Zelt auf, verwechsle die Stangen, es dauert lange. Das Feuer will nicht brennen zweimal geht es aus. Meine Ungeduld. Das dritte Feuer reicht für heißes Wasser für einen Tee und eine Suppe. Erwärmt und gesättigt mache ich mich auf die Suche nach trockenem Holz Zwanzig Meter weiter finde ich eine Feuerstelle. Dieses kleine Stück hätte ich noch laufen können. Mit Armen voll Holz gehe ich zurück. Ich hocke mich hin, untätig. Es wird dunkel Ich lausche auf die Geräusche. Die Stille macht mir Angst Was will ich hier so allein? Die Angst steigert sich. Ohne Feuer zu entfachen krieche ich in mein schützendes Zelt.

Sie: Im Halbschlaf Bilder von Feuer, das Züngeln kleiner Flammen, Wärme, Wohligkeit. Im Traum dann eine Feuermaschine, ich starre in ein Feuerloch, in einen eisernen schwarzen Glutofen. Einäscherungsanstalt, Feuerbestattung. Es ist der Gothaer Friedhof, auf dem ich bin, mein Vater spricht über den Bau des Krematoriums, die Höhe des Schornsteins. Der Friedhof weitet sich zur Landschaft, ich laufe durch einen Hain dunkelgrüner duftender Zypressen. Ein Totenschädel rollt vor mir her, es ist Schillers Schädel, er ist blutig. Der Weg ist abschüssig, ich muß den Schädel aufheben, aber er springt, ich renne, ich kann ihn nicht fassen. Die Landschaft wird wieder zum Friedhof. Auf der Höhe der Leichenhalle steht eine Trauergesellschaft, mein Vater spricht von Pietät, ich kann

unmöglich an ihnen vorbeirennen, ich gehe gemessenen Schrittes, keiner der Trauergäste nimmt den vor mir her rollenden Schädel wahr. Dann renne ich wieder, der Schädel springt – eine Blutspur –, die Tür eines Hauses, an der Treppe bekomme ich ihn zu fassen, es ist nicht Schillers Schädel, es ist eine weiche, blutige, schleimige Masse, Teile sind in Plaste eingeschweißt, es ist, ich erkenne es, ein Mutterkuchen, es ist der von meiner Geburt, den ich in Händen halte. Ich stehe in der Werderstraße im Zimmer im ersten Stockwerk, in dem meine Mutter mich zur Welt gebracht hat. Die Ärztin ist von einer BDM-Versammlung herbeigeeilt. Ich sehe zu, wie ich – mit den Füßen zuerst – aus dem Leib meiner Mutter komme.

Zweiter Tag

Sie: Am Morgen stehe ich auf den Steinen am Wasser. Wasser verrinnt, Zeit verrinnt. Ich versuche mir den Lauf des Flusses vorzustellen, wo er seinen Ursprung hat, wo er endet. Es gelingt mir nicht. Ich sehe immer eine Kreisbewegung, sie verläuft über der Erde und in ihrem Inneren. Flußlauf, Lebenslauf. Ich gehe zum Zelt zurück. Die flammend roten Teppiche des herbstlichen Beerengesträuchs. Durchwirkt mit blauen Punkten. Ich pflücke die Früchte, in dieser Größe habe ich sie noch nie gesehen, in dieser Süße noch nie gegessen. Ich benutze meine Finger als Kamm für die Blaubeeren, die Mulde der Hand als Schale, schütte eine Schale nach der anderen in meinen Mund. Mein Frühstück. Ich höre ein Knacken. Zwei Rentiere nähern sich, bleiben im Abstand von nur drei Metern vor mir stehen, beäugen mich. Wir stehen uns eine Zeitlang unbewegt gegenüber. Ihre schmalen Fesseln. Die dunklen Augen. Das pelzige Geweih. Das seltsame Knacken der Hufe. Linné fand heraus, daß es *von den Klauen kam, die innen hohl sind. Wenn das Ren steht, sind die Klauen auseinandergespreizt, sobald es aber den Fuß zurückzieht, stoßen die beiden Schalen der Klauen zusammen und verursachen das Knacken …* Ich betätige wieder den Fingerkamm, nach einer Weile höre ich das Knacken, langsam ziehen die Tiere weiter.

Er: Ich gehe zum Wasser, stehe auf den Steinen. Die Landschaft gehört mir, ich bin allein in ihr. Ruhe – Weite – Einsamkeit. Ich spreche mir diese Worte wie Vokabeln, wie eine auswendig zu lernende Lektion vor. Denn in mir ist Unruhe. Nachtträume. Mit Schauspielern, die ein Stück über den Krieg machen, bin ich zu einem Gastspiel im Kosovo, wir sitzen in Balkankostümen auf Längsbänken in einem alten S-Bahn-Wagen. Wir blockieren im Zug zwanzig Plätze, zwanzig Flüchtlinge müssen im Krisengebiet zurückbleiben. Meine Nervosität, fahre ich in die richtige Stadt, um in den Zug nach Berlin umzusteigen? Auf einem Bahnhof, vergilbte Kacheln, ich suche einen Fahrplan, ich finde eine große Leuchttafel, die Karte von Europa. Die Zugverbindungen aus den Krisengebieten sind überall abgebrochen, die roten Linien an den Grenzen weggewischt. Neben der großen Leuchttafel liegen Folien, man kann sie auf die Karte halten, um die Zugverbindungslinien zu vervollständigen. Ich greife nach der Folie, eine große Welle kommt auf die Wartenden auf dem Bahnsteig zugerollt, mit der Welle werde ich hinweggespült, finde mich an einem Tisch wieder, rußgeschwärzt.

Noch im Zelt habe ich mir das erste weiße Blatt vorgenommen, aber es blieb leer. Die Gedanken ließen sich nicht fassen, der Bilderstrom sich nicht anhalten. Ohne Frühstück laufe ich los, ich sage mir, ich habe mit den Augen

gefrühstückt. Der Wanderweg, meine Schritte, ihr Rhythmus, ich vertraue dem Körper. Aber mit einem Mal setzt sich ein Loop in meinem Kopf fest, bei jedem zweiten Schritt höre ich die Worte *post like*. Völlig leere Worte. Ich laufe, laufe, versuche den Loop loszuwerden, es geht nicht – *post like* – *post like* … Die Leere im Gehirn. Ich kann nichts anderes tun als warten, bis es vergeht, ich wieder normal über etwas nachdenken kann.

Nach zwei Wegstunden erreiche ich die Tarrekaise-Stuga. Zwei Schwedinnen sind damit beschäftigt, die Berghütte winterfest zu machen. Es sind die Stugawärterinnen, die in der Saison für die Touristen sorgen. Ihre Rucksäcke stehen auf der Bank vor der Hütte. Sie kehren zu ihren Familien zurück. Die eine hat Schnittlauchlocken und einen Schnurrbartansatz, die andere ist klein und rundlich, hat eine hohe, helle Stimme. Beide sind sympathisch. Sie sind gut gelaunt, flirten mit mir, fragen mich aus. Amüsieren sich über meine Kleidung, loben sie; ob ich mit Carl von Linné wetteifere, wollen sie wissen. Die Kleine lacht girrend, will mein *Pistol* sehen. Dann reden sie über ihre Erfahrungen mit den Touristen, sagen, ich sei der letzte Wanderer aus Richtung Kvikkjokk, sie bitten darum, von mir, dem letzten Wanderer, ein Foto machen zu dürfen. Sie behaupten, daß die wahren Liebhaber Lapplands immer ganz spät im Jahr oder ganz früh kämen und daß diese die Lebenskünstler seien.

Ich trage eine blaue Wolljacke mit silbernen Knöpfen in Zweierreihe, es ist ein alter, abgeschnittener englischer Feuerwehrmantel, trage schwarze Baumwollhosen, GoreTex-Wanderstiefel, ein rotes Holzfällerhemd, eine Fleecejacke. Am Gürtel habe ich ein Messer und zwei Renledersäcke mit Kaffee und Zucker. Fotoausrüstung, Videokamera und Zeichenkarton habe ich im Rucksack verstaut. Auf meinem Kopf sitzt ein selbst genähter schwarzer Hut aus Renleder mit Krempe und Ohrenklappen, rot gefüttert. Als Carl von Linné vierundzwanzigjährig nach Lappland aufbrach, ging er am Morgen des 12. Mai 1732 in *folgender Montur* los: *Die Kleider waren also ein kleiner Rock aus westgötischem Zeug, ohne Saum, mit kleinen Aufschlägen und Kragen aus Wolleplüsch. Hosen recht artig aus Leder, Zopfperücke. Kapuze aus Basthanf; Schnürstiefel an den Füßen. Eine kleine lederne Tasche, eine halbe Elle lang, etwas kürzer in der Breite, aus weißgegerbtem Leder, mit Ösen auf der einen Seite, sie festzubinden und sich umzuhängen: darin waren eingepackt: 1 Hemd, 2 Paar Halbärmel, 2 Nachtjacken, Tintenfaß, Federbüchse, Mikroskop, Perspektiv, Florhaube, um sich der Mücken zu erwehren. Dieses Protokoll. Eine große Anzahl gehefteten Papiers, um Pflanzen darein zu legen, beides in Folio. Ein Kamm, meine »Ornithologie«, »Flora Uplandica« und »Characteres generici«. Der Hirschfänger saß an der Seite und ein kleines Pistol zwischen Schenkel und Sattel. Ein achteckiger Stock mit mensurae versehen, ein Anmerkbuch in der Tasche samt Paß der Kanzlei zu Uppsala und dem Empfehlungsbriefe der Soziätät.*

Sie: Meine erste Mittsommernacht in Roknäs. Mit dem Boot paddelten wir nach Mjoögrunden, einer unbewohnten Insel in den Schärengärten von Piteå. Möwen und Spurstufen kreisten über uns. Und um uns Mücken. Kein Feuer, kein Dschungelöl half, wir mußten zu Teersalbe und *Florhaube* Zuflucht nehmen. Gegen Mitternacht berührte die Sonne die Horizontlinie, verschwand, nach gut eineinhalb Stunden kehrte sie zurück. Der Himmel war blutrot, die Farben von Sonnenuntergang und Sonnenaufgang flossen ineinander. Später kletterte ich die Breitengrade hinauf, fuhr nach Bodø, wo die Sonne ab Anfang Juni um Mitternacht über dem Horizont bleibt, fuhr weiter nordwärts nach Narvik, wo sie von Ende Mai bis Mitte Juli ununterbrochen am Himmel steht. 1695 beauftragte der schwedische König Carl XI. eine Lappland-Expedition zu untersuchen, *ob in Lappland tatsächlich einen Teil des Sommers hindurch die Sonne auch bei Nacht nicht unterginge oder ob das nur eine Sage sei.* Linné sprach vom *Leben in der Sonne Nachtherberg.*

Die lichtdurchfluteten Sommernächte von Roknäs. Ich liebe sie. Immer sind sie voller Arbeitsintensität. Die Nacht existiert nur unter den Augenlidern. Die Sonnenturbine läuft. Der Körper füllt sich mit Energie. Zuweilen steht der Rumpf eines Traums schwarz gegen den roten Himmel. Die Nacht nähert sich als Tag, sie hat ihr Gedächtnis verloren. Der Tag hypnotisiert die Nacht. Die Nacht weiß mehr als der Tag. Aber nach Monaten glückhaft erlebter Helle wächst die Sehnsucht nach dem Dunkel. Und wenn am Firmament Mondsichel und Sterne wieder sichtbar werden, die Nacht ihr Gedächtnis zurückerlangt, ist die Zeit gekommen, die Kammer zu verlassen und unter freiem Himmel zu schlafen, gehüllt in die schwarze Decke der Nacht.

Er: Erinnerung an meine Drei-Tage-Wanderung über die Unna Allakas-Hütte nach Abisko. Es war Juni, ich wollte die Mitternachtssonne erleben, in der Helligkeit der Nacht wandern. Der Juni ist in Lappland die Jahreszeit, wo jenseits der Baumgrenze in den Fjälls noch der Winter herrscht, Frühling und Sommer aber bereits mit Riesenschritten kommen; es ist die Jahreszeit, da die letzten Skifahrer und die ersten Wanderer zeitgleich in den Bergen sind. Gegen Abend kam ich in Katterjåkk an. Schmelzwasser rieselte über die Wege, die größtenteils schneefrei waren, bergwärts aber sah ich große weiße Flächen. Als ich loslief, war die Sonne von schweren Wolken verdeckt, an den Rändern strahlte ihr grelles Licht; wenn Bewegung in die trägen Wolkenmassen kam, warf es sich durch Schlitze über die Landschaft. Es war jenes Kälte ausstrahlende nordische Licht, von dem ich schon als Kind – durch Andersens »Schneekönigin« – eine Vorstellung hatte. Alles war in ein Schwarzgrau und dunkles Grün getaucht, das stumpf wurde, wenn die Sonne schwand, und sich belebte, wenn die Schlitze sich öffneten. Der Farbton der Landschaft blieb gleich, die Sonne hellte ihn nur auf, ließ das dunkle Grün auf den weißen Schneeflächen eigenartig transparent werden. An den Nordhängen und in Talsenken war der Schnee noch einen halben bis einen Meter hoch. Auf ebenen Flächen war das Gras des Vorjahres zu sehen, der gerade geschmolzene Schnee hatte es zu Boden gedrückt, es sah aus wie ein gestriegeltes Fell. Der Weg, auf dem ich lief, wurde immer wieder von Schneefeldern versperrt, über die ich hinübermußte. Wie sollte ich unter diesen Bedingungen die Unna Allakas-Hütte erreichen? Ich prüfte die Trittfestigkeit mit dem Wanderstock, die Oberfläche hatte eine harte Kruste, was aber war darunter? Ich dachte an den Lapplandwanderer Carl von Linné. *Als ich über den Schnee ging*, schreibt er,

brach ich ein, bekam aber mit den Händen gerade noch Halt. Das Schmelzwasser hatte den Schnee von unten weggefressen. Da das Dorf nicht weitab war, kamen zwei mit Seilen und holten mich unversehrt, obgleich naß und mit einer Prellung am Schenkel, heraus. Wer würde hier mit Seilen kommen? Ich blieb oft stehen, lauschte auf Wasserrauschen. Dachte an die Warnungen vor unterirdischen Schmelzflüssen, vor Lawinen und Schneebrücken. Einmal war ein Wasserloch unmittelbar vor mir. Dann kam ich an einen kleinen See, in den in bizarrsten Formen die Schneemassen wie in einen Trichter stürzten. Ein Schmelzwassersee. Wo war unter dem Schnee der Zufluß, wo der Abfluß? Ich umging den See in weitem Bogen. Verlor ich meinen Weg? Ich hatte keine Angst, war aber in einem Zustand erhöhter Spannung. Immer wieder kam ich an Rinnsale, Bäche, kleine Flüsse, die ich überqueren mußte. Dann wurde das Rauschen stärker und stärker, ein Fluß, ich sah auf die Karte, wußte wieder, wo ich war. Eine Schneebrücke, schön gewölbt, überspannte ihn. Sie glich der Rialto-Brücke in Venedig. Der Fluß war an den Rändern noch vereist, aber die Mitte war frei, das Wasser schoß in hoher Geschwindigkeit in dem engen Bett talwärts. Es war unmöglich, durchzuwaten. Ich mußte über die Schneebrücke. Die Gefahr, daß die Naturkonstruktion an der höchsten Stelle der Wölbung durch das Gewicht meines Körpers einstürzen könnte. Ich betrat die Brücke, lief vorsichtig, beschleunigte den Schritt, so, als könnte ich durch die Schnelligkeit mein Gewicht verringern. Mein Atem stockte. Ich sprang herab, war am anderen Ufer. Dann ein weites Schneefeld, das sich bis zum Berggipfel hinaufzog. Ich lief und lief, ein Raumgefühl war in mir, das mich erregte. Oben

und unten, Erde und Himmel schienen irritierend austauschbar. Während der Himmel voller barocker Wolkenkörper war, die Erdschwere ausstrahlten, wirkte der Schneegrund, auf dem ich lief, durchsichtig, luftig. Meine Fußspur im Schnee war wie der Strich auf einem weißen Blatt, ich war im Nichts und an den Grenzen veränderten sich Höhen und Tiefen.
Mein Eindruck, in der Landschaft hier allein zu laufen, wurde seit einiger Zeit schon durch einen schwarzen Fleck irritiert. Die Abstände zwischen ihm und mir, hatte ich beobachtet, blieben gleich, wurden größer, dann wieder geringer. Es konnte nur ein Wanderer sein. Es beunruhigte mich, ein Gefühl verfolgt zu werden überkam mich. Als ich dann auf eine Unterstellhütte traf, beschloß ich, haltzumachen und den Wanderer vorbeilaufen zu lassen, um das ungute Gefühl loszuwerden. Ich packte meinen kleinen Spirituskocher aus, machte eine Suppe warm. Als ich den ersten Löffel zum Mund führte, trat er ein, der schwarze Fleck. Ein hochgewachsener Schwede von kräftiger Statur, mit scharfgeschnittenen Gesichtszügen, blondem Haar, ein nordischer Typ, wie ihn ein Buch über Rassenkunde nicht besser hätte vorführen können. Er grüßte, nickte mir kurz zu, setzte seinen überdimensionalen Rucksack ab, der grün war, wie alles an ihm. Er stauchte den Rucksack auf den Hüttenboden, holte ein Kochset hervor, das mir ebenfalls überdimensioniert schien, er setzte die einzelnen Teile mit einer Schnelligkeit zusammen, als nähme er an einem Wettbewerb teil, die Flamme machte ein lautes Geräusch wie ein Bunsenbrenner, im Nu war seine Suppe heiß. Und so, wie er das Kochen mit gezielten schnellen Bewegungen erledigt hatte, erledigte er nun das Essen. Dann zündete er sich eine Zigarette an, ich verfolgte

die eckigen Bewegungen, die Winkel, Dreiecke, die sein Körper dabei bildete, es hatte etwas Marionettenhaftes. Er richtete das Wort an mich. Er habe Urlaub, sagte er, komme aus Kiruna, sei Ausbilder in der dortigen Gebirgsjägerschule. Ein Offizier der schwedischen Armee also, einer von ihrer Elitetruppe. Auf meine Frage, warum er im Urlaub das gleiche mache wie im Beruf, antwortete er mir nicht. Er drückte die Zigarette aus, verabschiedete sich.

Ich sah ihm nach. Die letzte militärische Auseinandersetzung, an der Schweden beteiligt war, war der finnisch-russische Krieg 1808/09. Eine lange Friedenszeit, fast zwei Jahrhunderte. Militärische Ausbildung. Ich dachte an Barne, einen meiner Freunde: Norrbotte, fünfunddreißig, Leutnant bei den schwedischen Luftstreitkräften. Neben schwedischen Soldaten bildet er österreichische Piloten aus, da Österreich seine Militärtechnik auf den neuesten Stand bringen will und die Schweden über die modernste Technik verfügen.

Der Gebirgsjäger. Der Offizier als Wanderer. Die routinierte, fast brutale Art, mit der er Kochen und Essen abgeleistet hatte. Der Wanderer als Abenteurer, der seinen Körper für kommende Anforderungen stählt. Überlebenstraining. Die harten Männer. Der Wanderer als Krieger. Der Krieg als Ausnahmesituation, Stahlbad, Stahlgewitter, seinen Mann darin stehen. Die unterirdischen Verbindungen. Eine männliche Philosophie des Wanderns. Vor meinen Augen wandelten sich Gestalt, Kleidung, Gesichtszüge des hochgewachsenen Schweden. Ich sah junge Männer aus den Dörfern Süddeutschlands, aus dem Bayrischen Wald, dem Alpenvorland, Gebirgsjäger, die beim Überfall Nazideutschlands auf

Norwegen mit Fallschirmen in den Bergen niedergingen, von den Schiffen in Narvik aus ihren Marsch in die Berge antraten, sah jene Jugoslawen, eintausend Männer, die im Zweiten Weltkrieg in den Bergen Norwegens den Tod fanden. Sah die Heckenschützen von Sarajewo – man wird nicht als Heckenschütze geboren. Und jene kerngesunden, kraftstrotzenden Männer, die Abend für Abend über den Bildschirm wandern, Tschetschenen, Russen, Kosovaren, Afghanen, Serben; Männer, die, lässig die Waffen in den Händen haltend, den Leib mit Patronen umgürtet, mit gesunden Zähnen in die Kameras lachen.

Es hatte zu regnen begonnen. Die nächste Wegstrecke – sie führte ins Tal hinab – legte ich im strömenden Regen zurück. Mein Ziel war die Unna Allakas-Hütte, in der ich übernachten wollte. Geborgenheit, Wärme, Feuer, meine Gedanken kreisten die ganze Zeit um diese Hütte. Würde mich eine Frau, eine Stugawärterin, empfangen, mitten in dieser Wildnis? Als ich die Hütte erreichte, sah ich fünfzig Meter unterhalb der Stuga, dort wo der Wegweiser für die Waschgelegenheit stand – ein Flüßchen wie bei den meisten Hütten –, den Offizier in dem strömenden Regen sein Zelt aufbauen. Ich sah, nicht nur sein Zelt, auch sein Schlafsack war völlig naß. Wie konnte ihm, der so professionell wirkte, das passieren? An der Tür zur Hütte empfing mich eine Schwedin, die Stugawärterin vom schwedischen Touristenverein. Sie begrüßte mich freundlich, fragte nach meiner Wegstrecke. Über die Berge? Das sei in dieser Jahreszeit nicht ungefährlich. Sie war sehr jung. Und schön. Hatte einen wilden Blick. Ihre Augen glichen denen von Huskys. Ihre Brauen waren

zusammengewachsen. Wenn ich Wünsche hätte, sie wies auf die kleine Wächterhütte, könne ich mich jederzeit bei ihr melden, sie öffnete mir die Tür zur großen Hütte, zwei Gäste seien schon da.

Ein Feuer brannte. Animalische Geräusche empfingen mich; Darmwinde, Rülpsen. In den unteren Holzkojen der Doppelstockbetten lagen zwei junge Männer. Der eine schlief, der andere rekelte sich gähnend. Abwehr stieg in mir hoch. Plötzlich war der hohe Piepton eines Funkgerätes zu hören, nach einer Weile sprang einer der Männer aus der Koje, rannte aus der Hütte, schrie draußen in sein Funkgerät, gestikulierte wild in Richtung des gegenüberliegenden Berghanges. Er schrie alles auf samisch. Die Lautstärke war beeindruckend. Als er in die Hütte zurückkam, er war etwas über zwanzig und sehr ansehnlich, begrüßte er mich, drückte mir wortlos sein Fernglas in die Hand. Auf dem Hang gegenüber konnte ich drei Rentiere erkennen, sie trugen noch ihr weißes Winterfell, deutlich hob es sich gegen den dunklen Hintergrund ab. Versprengte Tiere, von der Herde getrennt, die habe er ins Tal zu bringen, das sei sein Auftrag. Er lachte kindlich, aber nicht bei diesem Wetter, vielleicht morgen, wenn die Sonne scheine, oder übermorgen. Er legte sich wieder hin, streckte sich wohlig.

Später sitzen wir am Feuer. Die beiden Samen flicken ihre Hosen. Sie sprechen schwedisch miteinander. Der zweite ist im gleichen Alter und ebenfalls ein kräftiger Bursche. Auf meine Frage, warum er vorher samisch und jetzt schwedisch spreche, erwidert der eine, für alles, was mit den Rentieren zusammenhänge, gebe es im Schwedischen keine

Entsprechung. Ein Wortschwall folgt, er versucht es mir in einer Mischung aus Samisch, Schwedisch und Englisch an Beispielen zu erklären. Vom Reichtum der samischen Sprache erzählt er, allein für Schnee gebe es über hundert Worte. Und das Wort Krieg existiere in ihrer Sprache nicht. Sie, als Samen, sagt er dann übergangslos, hätten keine Gebühr für die Übernachtung in der Hütte zu entrichten, wie ich oder der am Flüßchen unten, das sei mit dem schwedischen Touristenverband vereinbart, denn alle die Hütten seien auf ihrem Grund und Boden erbaut. Es ist unser Land hier, sagt er, und seine Mimik und Gestik erinnern an den Stolz eines Indianers. Die Art, wie er es sagt, macht ihn mir sympathisch. Wo ich herkomme, fragen sie mich. Berlin? Einer der beiden kennt die Stadt. Was sie von den näbbskor, den samischen Schuhen – beide sitzen barfuß am Feuer – halten, will ich wissen. Der Gesprächigere sagt, sie seien ausgezeichnet, sein Vater trage sie zuweilen, er aber – er steht auf, holt seine Schuhe – bevorzuge deutsche Arbeitsstiefel; es sind teure Lederwanderstiefel Marke Meindel. Die beiden ziehen sich an, sie wollten noch auf Schneehuhnjagd gehen, erklären sie. Bei dem Wetter? Wenig später sehe ich sie in der Hütte der Stugawärterin verschwinden.

Als ich mich am anderen Morgen am Flüßchen wasche, es regnet noch immer, macht der Offizier sich marschfertig. Mit einer Kopfbewegung zur Hütte hin, sein Gesicht drückt deutlich Abscheu aus, fragt er mich, wie ich es die Nacht mit diesen faulen und stets betrunkenen Samen ausgehalten habe. Als ich aufbreche, liegen die Samen noch in ihren Kojen. Wir verabschieden uns voneinander. Schneehuhnjagd? Yes, little chicken, Hühnchen, parieren sie, lachen anspielungsreich.

Sie: Ich baue mein Zelt ab, klemme mir die Finger, lege das Zelt zusammen, rolle Isomatte und Schlafsack ein, verstaue alles im Rucksack. Frühstücke. Studiere die Karte. Am Ufer des Luoppal geht es weiter, dann am Ufer des Tarraure bis zur Tarrekaise-Stuga. Die gepunktete Linie des Padjelantaleden führt eine weite Strecke durch Grün, keine Auf- und Abstiege also. Es ist das Flußtal des Tarraätno. Zu beiden Seiten Berge, links der Kuratjåkkå 1165 Meter, rechts der Måskatjkaise 1724 Meter. Meine Morgenfüße. Ausgeruht. Heiter. Der Weg, den sie wandern. Über Erde, feuchte, trockene, über Wurzeln, Steine, alabaster-, malachitfarben und bleich wie Totenschädel, über schuppige Flechten und leuchtend grüne Moose, über Sand, Sand und Schlamm, tiefdunkelbraun und tintenschwarz. Und immer wieder über die schmalen Bretterstege, Bohlenwege, die über Feuchtgebiete, Sümpfe, Wasserlachen gebaut sind. Das rhythmische Klopfen der Schuhsohlen auf dem Holz, der Wanderstock greift ins Leere, die Hand nimmt ihn in die Horizontale, die Arme schwingen. Die Bohlenwege Linien in der Landschaft, die die Füße nachzeichnen.
Und meine Augen wandern. Strukturen, Farben. Die Herbstfarben Lapplands. Flächen in weinrotem Leuchten, feuerfarbenes Kraut der Beeren, niedriges Gesträuch, das in intensiven melancholischen Gelbtönen strahlt; die Farbabstufungen der lappländischen Weiden, Ullwide, Rippwide, Lappwide, vom hellen Grau über Silbergraugrün bis zu den Schattierungen der verführenden Olivfarben. Ich laufe und laufe, die unglaubliche Farbkomposition der Natur. In der Ferne die hohen Wände der dunklen Berge, auf ihren Gipfeln das Weiß des Schnees. Wenn in geschlossenen Räumen, in Kirchenschiffen Menschen niederknien, befremdet es mich.

Hier in der Natur müßte man niederfallen. Natur – ich in ihr. Das menschliche Maß der Schritte. Wandern eine stumme Huldigung, ein stiller Rausch. Immer war es das für mich. Ich entsinne mich des ersten Wanderers meines Lebens, es war der *Geselle* aus dem Lied »Der Lindenbaum«, der sich nicht wendete, wenn ihm der Hut vom Kopfe flog, der auch im Dunkeln die Augen schloß. *Komm her zu mir Geselle, hier find'st du deine Ruh*, sagte der Baum zu ihm. Als ich als Kind herzkrank im Bett lag, wurde er mein Freund, dieser Geselle. Der nächste Wanderer war mein Vater. Als junger Mann in der Wandervogelbewegung. Wanderstock, Rucksack. Seine Wanderstiefel. Ich sehe ihn auf seinen Stock gestützt im Thüringer Wald. Meine Wanderungen mit ihm zwischen sieben und siebzehn. Immer waren wir zu dritt, der Geselle lief stets mit. Und pfiff der Wind, griff ich nach dem imaginären Hut auf meinem Kopf, wenn er fortflog, wendete ich mich nicht.

Später, als meine Kinder klein waren, die Wanderungen mit ihnen und ihrem Vater. Noch später die mit Männern, Freunden. Warum bin ich nie allein gewandert, warum erst jetzt, mit fast sechzig? Alleinsein in der Natur, in der Landschaft, das war immer ein Luxus, nur für Stunden. Als Kind der Garten, in den ich flüchtete, um allein zu sein. Später das Schwarzatal, das Ilmtal, die alte Spree, das Selketal. Landschaften, die Ruhe gaben, viel zu selten. Landschaften, in denen ich allein war und auftauchen konnte aus der Flut von Umarmungen, liebenden, erstickenden, von Familie, Männern. Mich befreien konnte aus Umklammerungen von Institutionen, Ideologien: Abstand gewinnen, sich selbst begegnen. Arkadien, Orplid. Alleinsein als Kostbarkeit.

Er: Habe ich die Wanderung zu forsch begonnen? Meine Beine tun mir weh, Oberschenkel und Schienbeine schmerzen, die Füße sind wie Blei. Es regnet, und als der Regen stärker wird und ich an einen Felsvorsprung komme, unter dem trockenes Moos lockt, mache ich halt. Ich strecke mich auf dem Moosbett aus, den Beinen tut es gut, ein wohliges Gefühl, ich liege im Trockenen, keine zwei Meter weiter tropft der Regen über den Felsen; ein beweglicher Vorhang wie in der Tür eines Sommerhauses. Als ich den Weg fortsetze, laufe ich lange durch ein Gebiet mit niedrigem Baumbestand. Kleine Fjällbirken, ein endloser Hain, ein Paradiesgarten, getaucht in jenes leuchtende Abschiedsgelb, das es im Herbst in den Birkenwäldern Lapplands gibt. Mir kommen mehrmals Wanderer entgegen. Aber keiner überholt mich. Ich denke an die Worte der Stugawärterinnen. Ich werde bald hier allein sein, die Landschaft ganz für mich haben.

Blätter rascheln unter meinen Füßen, zum Teil sind sie niedergetreten zu einem Teppich, ich sehe Hufabdrücke von Rentieren und eine Elchspur. In der Såmmalappa-Stuga, die ich bald erreichen muß, werde ich Mittagsrast machen. Ich habe Hunger. Ich nähere mich der Hütte. Als ich davor stehe, höre ich Stimmengewirr, bin überrascht, öffne die Tür, die Hütte ist voller Wanderer. Verbrauchte Luft, Geruch nach feuchten Kleidern, verschwitzten Socken. Das Gespräch verstummt. Ich setze mich nahe der Tür neben einen knorrigen Alten. Seine Füße sind nackt. Die Atmosphäre in der Hütte ist gespannt, spüre ich. Sehe, alle, außer dem Alten, sind im Aufbruch. Den wieder einsetzenden Gesprächen entnehme ich, alle wandern in der entgegengesetzten Richtung, wollen zur Fähre nach Kvikkjokk. Ein junger Mann leert den Rucksack seiner Freundin, führt ihr vor, wie sie ihn richtig packen müsse, ich habe es dir schon hundertmal erklärt, sagt er; das Mädchen sieht gelangweilt durch ihn hindurch. Ein älteres deutsches Ehepaar erzählt von seinen Touren, Länder- und Bergnamen, Kilometerzahlen schwirren durch die Luft. Aber Lappland sei mit Abstand die schönste Landschaft, sie verlieren sich in Superlativen. Das Mädchen widerspricht schnippisch, die letzte Wildnis Europas, Tourismuswerbung, man solle dem nicht auf den Leim gehen, sie habe es sich anders vorgestellt, nicht viel los sei hier; zu viel Gegend, meint sie und ihr Freund stimmt ihr zu. Das Ehepaar fühlt sich angegriffen, kontert mit neuen Superlativen, eine Frau mit ausrasiertem Nacken und Speckwülsten mischt sich ein, alle reden durcheinander. Nur der Alte schweigt. Er hat begonnen, seine Füße mit Schlangengiftsalbe einzureiben. Ein widerlicher Geruch, der einem den Atem nimmt, verbreitet sich in der Hütte. Der Streit über die Einmaligkeit Lapplands verstummt. Der Geruch wird immer intensiver. Alle sehen auf den Alten. Das Wort ekelhaft fällt. Viehisch könne man das nur nennen, sagt die Frau mit dem ausrasierten Nacken und an den Alten gewandt, eine Unverschämtheit, als ob das Maß nicht schon voll sei. Jetzt begreife ich, die gereizte Stimmung rührt vom schlechten Nachtschlaf aller her, die Ursache dafür war das Schnarchen des Alten. Martialisch, die ganze Hütte habe gewackelt, er könne sich ins Guinnessbuch der Rekorde eintragen lassen, schimpft der junge Mann, das Ehepaar

meint, man sei ja tolerant, das erfordere die Hüttensolidarität, aber nun sei es zu viel, eine Rücksichtslosigkeit, ob er mit seiner abscheulich stinkenden Salbe nicht warten könne, bis sie die Hütte verlassen hätten.
Der Alte hat den Kopf zwischen die Schultern gezogen, sagt leise in den Wortschwall hinein, ich will auch zur Fähre, drückt einen großen Rest aus der Tube. I'm sorry, sagt er, reibt weiter unbeirrt seine Füße ein. Es ist unmöglich, bei diesem Geruch zu essen, ich stehe auf, nicke dem Alten zu, er quittiert es mit einem Lächeln, er hat tiefliegende, schöne Augen. Unweit der Hütte bereite ich auf meinem Spirituskocher mein Mittag, esse im Stehen, der Regen tropft in meinen kleinen Blechnapf und ich denke über den Aufwand für Einsamkeit nach. Das empfindliche Geflecht einer zufällig zusammengewürfelten Menschengruppe in einer Wanderhütte. Kleinliche Aggressionen wie an einer Kasse im Supermarkt, wenn sich jemand in der Schlange vordrängelt. Gelingt die Begegnung mit der Natur nur im Alleingang? Ist nur dann die Gefahr, daß die profanen Spannungen des Alltags einen belästigen, gebannt? Was ist das Motiv, allein zu wandern?
Mir fallen die Wanderer ein, die sich alljährlich ins Sarek einfliegen lassen. Außer dem Kungsleden, der das Gebiet streift, gibt es weder Hütten noch markierte Wege in dem wilden, zum großen Teil hochalpinen Sarek. Stets wird vor den Gefahren gewarnt. Dennoch machen sich immer wieder Wanderer dorthin auf. Fünftausend sollen es in der letzten Wandersaison gewesen sein. Der Mythos Sarek. Überwiegend sind es Einzelgänger, meist Männer im Alter zwischen fünfundvierzig und sechzig. Ich habe sie gesehen mit ihren supermodernen Outdoor-Ausrüstungen, traf sie auf den Parkplätzen, wo sie ihre teuren Autos stehenlassen. Was arbeiten sie ab, was suchen sie? Abenteuer, Gefahr, den Reiz des Ungewissen, das Spiel mit dem Leben? Sind es Überlebens-Expeditionen? Was motiviert diese Männer, was treibt sie? Das, was früher, nach Lebensfülle und Genuß, Menschen in Einsiedeleien getrieben haben mag? Sind sie die modernen Einsiedler auf Zeit? Vielleicht nutzen sie die letzte Chance, auf die Antwort ihres Körpers zu hören.
In einer Welt, in der für Geld alles zu haben ist, in der der von Marktmechanismen beherrschte Tourismus zunehmend auch in entlegenste Regionen vordringt. Die nördlichen Punkte der Erde. Spitzbergen zum Beispiel. Dort, wo einst unter den härtesten Bedingungen Robbenjäger und Walfischfänger lebten, wo die Polarexpeditionen haltmachten, das Vordringen in diese Gegenden eine äußerste Herausforderung war, Forscher- und Entdeckerdrang erforderte und mit großen Risiken verbunden war, legen heute die Kreuzfahrtschiffe an. Ich erinnere mich an die Rentner auf Spitzbergen. Mit dem Tenderboot waren sie vom Schiff an die Küste gebracht worden, in leichten Freizeitschuhen tappten sie über die Grabstätten der Robbenjäger und Walfänger, um zwei Stunden später zum Bingo-Spiel und ihrem Fünf-Gänge-Menü auf das Luxusschiff zurückzukehren.

Sie: Allein sein, um sich selbst begegnen zu können. Dazu aus Alltagszwängen und Verpflichtungen fliehen. Goethe flüchtet aus Weimar, die Reise von Nord nach Süd, die Überquerung der Alpen, der Brennerpaß. Er verschweigt allen, selbst seiner Geliebten, sein Reiseziel, taucht in die Anonymität, legt seinen Namen ab, als Jean Philippe Möller lebt er in Rom. Seine Adresse lautet: *Al. Sig. Tischbein Pittore Tedesco al Corso, incontro del Palazzo Rondanini Roma* – an Herrn Tischbein, deutscher Maler am Corso, Rom, dem Palast Rondanini gegenüber. Wenn ich nach der Hitze des Tages die Fensterläden öffne, sehe ich gegenüber im Palazzo Rondanini eine hell erleuchtete Zimmerflucht, kostbare Spiegel, alte Möbel, teuer gekleidete Menschen, Diener in grünen Livreen. Der Lions Club hält die Zeit an. Ein alter Film, der läuft, abbricht, wenn die Grünlivrierten die Uniform tauschen, kurzärmlig und mit Hosen nach der letzten Mode auf ihren Motorinos den Corso hinunterknattern. Lärm in der engen Via del Corso. Autolärm, Baulärm. Und im Erdgeschoß der Casa di Goethe hämmert in einer Modeboutique Technomusik der billigsten Sorte. Eine Boutique für T-Shirts. Auf den

T-Shirts steht: *Preserve the Ocean* und *Save the Nature*. Eisbären, Robben, Elefanten, Braunbären auf Bäumen, Nashörner im untergehenden Abendlicht, Afrikaner, auf Trommeln sitzend, sind auf die Hemden aufgedruckt. Überall in der Boutique, auf Plakaten und T-Shirts, ein Herr, genannt *Homer Simpson*; dicke Wulstlippen, auf seiner bonbonrosafarbenen Gehirnmasse steht: *Sleep Do's Donuts Dont's - Sweat Sweat Beer - Sex - TV-Time - Family-Time*. Über dem Mezzanin dann Goethes einstige römische Wohnung. Goethe für Touristen. Ins Museum gesperrt. Von einer Alarmanlage bewacht. An seinem 250. Geburtstag, kurz vor Mitternacht, löst sich die Alarmanlage aus, weil römische Fußballfans, Knallkörper werfend, durch die Via del Corso ziehen. Am 28. August steht ein Schauspieler, verkleidet als Goethe, schmalbrüstig und mit verkniffenen Lippen, neben der Direktorin der Casa di Goethe, hebt das Sektglas, prostet der Menschenmenge zu, die sich im Innenhof drängt, trinkt auf sich selbst. Ich bin zu Gast bei einem Toten. *Ich lebe hier in einer Klarheit und Ruhe* …, schrieb Goethe in diesem Haus.

Er: Als ich mich wieder auf den Weg mache, ziehen graue schwere Wolken in schnellem Tempo am Himmel, dann scheint die Sonne und ein doppelter Regenbogen liegt über der Landschaft. Es beginnt zu nieseln. Wieder geht es durch Birkenhaine. Ich habe die letzten Kilometer der Tagestour vor mir. Das Nieseln geht in Regen über. Ich finde einen Platz, wo ich mein Lager aufschlagen kann. Das Holz, das ich sammle, ist naß. Ich hole Birkenrinde aus dem Rucksack, es gelingt mir, Feuer zu entfachen. Das Knistern und Knacken des brennenden Holzes. Ich lausche in die Dunkelheit: Geräusche. Ich höre das Gurgeln eines Baches, das Rauschen eines Wasserfalls. Und einen seltsamen Brummton. Was kann es sein? Es klingt, als flösse unablässig Verkehr, als sei eine sechsspurige Autobahn hinter den Bergen. Absurd. Wahrscheinlich kommt das Geräusch vom starken Gefälle eines entfernten Wasserfalls. Das Geräusch macht mich melancholisch. Hinzu kommt, der Körper ist nach der Anstrengung des Tages erschöpft. Ich bin wie benommen. Der Brummton verstärkt sich. Das Rauschen des Wassers verwandelt sich in meinem Gehirn in Umweltschmutz. Der Lärm der Großstadt ist in mir. Das macht mich taub. Meine Ohren sind verstopft. Ich bin unfähig, die Stimmen der Erde, die Soundscape der Landschaft zu hören. Ich hadere mit meiner Taubheit, bin traurig. Neid überfällt mich. Ich denke an Göran Bergström aus Ajeplog, den Wildmarksmann. Wie Göran mir von den Klängen des Schnees, seinen tausend unterschiedlichen Stimmen erzählte, wie er fast überschwenglich von den Sinfonien des Wassers sprach, von ihren Klangfarben, ihren hochdifferenzierten Geräuschen, die in jeder Jahreszeit andere seien. Ich hatte ihn, den eher Schweigsamen, noch nie so viel reden gehört. Ein Leuchten war in seinen Augen, während er sprach, entsinne ich mich. Säße er jetzt hier.

Sie: Die Dämmerung kommt. Ich habe Abendfüße. Sie schleifen über Steine, Erde, über Bohlenwege, kämmen Gräser und Kraut; schwer sind sie, als könnten sie sich nicht vom Boden lösen, selbst nicht für den Moment des Schritts. Sie sind müde, meine Füße, aber noch immer heiter. Ich habe heute längere Pausen gemacht, dabei stets den Rucksack abgehuckt, um den Rücken zu entlasten. Habe in den Pausen Ackerbeeren und Multbeeren gepflückt. War bedachter beim Überqueren von Flüssen. Habe die Festigkeit der Steine, ihre Trittsicherheit geprüft, mich mit dem Wanderstock gut abstützend, bin dann – weniger ängstlich als gestern – von Stein zu Stein gesprungen, habe dabei, dem Rat der Wanderbücher folgend, Hüft- und Brustgurt des Rucksacks geöffnet. Ich bin zufrieden mit mir. Ehe die Dämmerung in Dunkelheit übergeht, schlage ich – etwa zwei Kilometer vor meinem Tagesziel – an einer Feuerstelle mein Zelt auf. Sammle trockenes Holz, das überall umherliegt. Nähre das Feuer vorsichtig, es brennt schon bald. Als ich gegessen und heißen Tee geschlürft habe, lege ich nochmals nach, die Glut zischt, das Feuer lodert hoch auf. Ich ziehe die schweren Wanderstiefel und die Socken aus. Meine nackten Füße.

Bis in die Nacht redet das Feuer mit mir. Die Dunkelheit ist mein Haus, das Dach ist aus schwarzen Tüchern, luftigen, die Wände sind die vier Enden der Welt. Ich halte meine Handflächen den hell züngelnden Flammen entgegen; und eingezeichnet in die Flächen der Hände finde ich ein fremdes Gesicht; Verse kommen in meinen Sinn: *Ich sitze unter dem Schatten, deß ich begehre, und seine Frucht ist meiner Kehle süß. Seine Linke liegt unter meinem Haupt, und seine Rechte herzet mich …*

der Nach
im Traum

schwitze

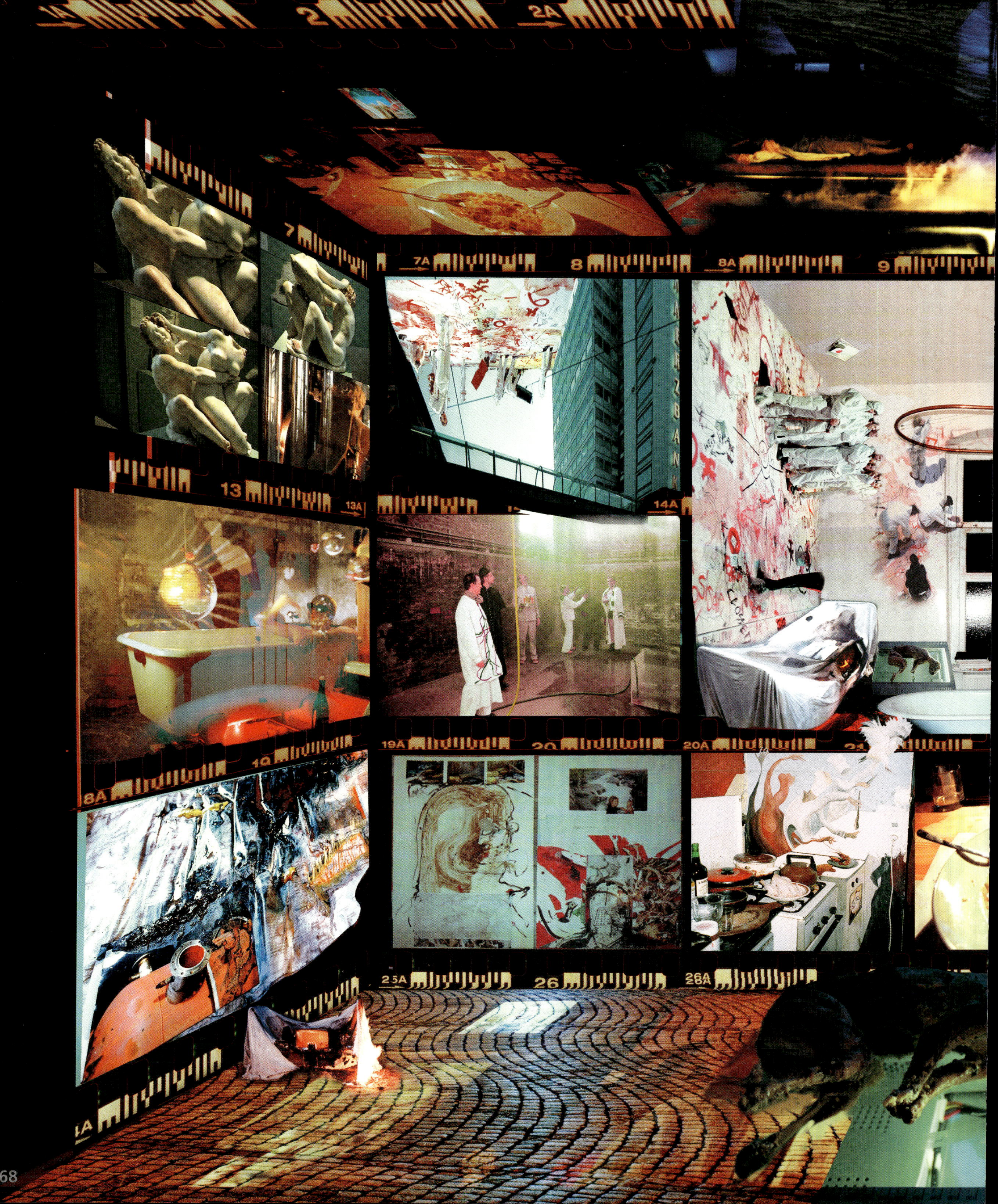
7
7A
8
8A
9
13
13A
14A
19A
20
20A
8A
25A
26
26A

Dritter Tag

Er: Als ich aufwache, öffne ich sofort das Zelt. Es ist still um mich. Ich bleibe liegen. Es ist so still, daß ich mein eigenes Blut rauschen höre. Und dann und wann ein feines Knistern. Es sind unsichtbare Regentropfen, die sich aus dem über die Berge treibenden Nebel lösen und auf die Birkenblätter schlagen. Es ist sehr kalt geworden. Heute werde ich zum Tuottar-Plateau aufsteigen. Noch im Zelt füllt sich ein DIN-A4-Blatt. Notizen. Skizzen. Ich will den Traum loswerden.
Auf meiner Wanderung dann begleitet mich die Stille. Mein Weg führt durch das weite Tarradalen. Die Landschaft mit

ihrer Stimmung erinnert an Obstgärten. Die Birken vereinzeln sich. Es beginnt zu schneien. Bei den letzten Bäumen mache ich ein Kaffeefeuer. Schlürfe aus der Holztasse, diesmal schmeckt der Kaffee besonders gut. Dann das Kahlfjäll. Niedrige Büsche, Moos, Flechten. Rötlich und rotbraun schimmern die Hügel durch das wäßrige Weiß des herabfallenden Schnees. Die Landschaft ist wie eine Bühne, ich laufe auf dem Bühnenboden im Vordergrund; der Hintergrund, ein weiter Rundhorizont, erstreckt sich zwischen Låptåtjåkkåh und Årjep Karranistjåkkå.

Sie: Als ich am Morgen aus dem Zelt krieche, ist es weiß um mich, Schnee ist gefallen. Der Himmel ist mit karminroten Tüchern verhangen, die Sonne geht auf, und die Tücher färben sich cyanblau. Meine Wegstrecke beträgt heute nur fünfzehn Kilometer, aber ich habe den Aufstieg zum Tuottar-Plateau vor mir. Der höchste Punkt meiner Wanderung, die Tuottar-Hütte, befindet sich in 1000 Metern Höhe. Ich wandere eine Weile durch das Tarradalen mit seinen Birkenhainen. Dann hört der Baumbestand auf, das Kahlfjäll beginnt. Die Sonne liegt über der Landschaft. In der Ferne die schneebedeckten Berge Norwegens. Ich ahne Narvik hinter ihnen. Gedankenwege, Nar – vik – Nar – vik skandieren die Füße.
9. April 1940. Die faschistische Armee nimmt Narvik ein. Das brennende zerstörte Narvik. In diesem April 1940 wird meine Mutter Gewißheit erlangt haben, daß sie wieder schwanger ist. Sie erwartet ihr zweites Kind. Mich. Sie ist achtundzwanzig. Mein Vater ist sechsunddreißig und wird kriegsuntauglich erklärt. Wie mögen meine Eltern die Frontberichte aufgenommen haben? Ich sehe sie in der thüringischen Kleinstadt am Volksempfänger. Am Abend des 9. April 1940 gibt das Oberkommando der deutschen Wehrmacht bekannt: *Am Ende des heutigen Tages befinden sich alle militärisch wichtigen Stützpunkte fest in deutscher Hand. Insbesondere sind unter anderem Narvik, Drontheim, Bergen, Stavanger, Christiansand und Oslo von starken Kräften besetzt. Dort, wo überhaupt stärkerer Widerstand geleistet wurde, wie in Oslo und Christiansand, ist er gebrochen.* 17. April 1940: *Im Raum Narvik haben deutsche Truppen die Erzbahn bis zur schwedischen Grenze besetzt.* 27. April 1940: *Ein norwegisches Bataillon wurde nördlich von Narvik durch den Gegenangriff unserer Gebirgsjäger aufgerieben …* 24. Mai 1940: *Im Seegebiet bei Narvik erzielte die deutsche Luftwaffe ... einen bedeutenden Erfolg.* Der deutschen Bevölkerung wird die Landung in Narvik als *in der Seekriegsgeschichte bisher einzig dastehende Leistung* offeriert, die *Waffenkameradschaft* der Matrosen und Gebirgsjäger, jener *Männer von Stahl mit einer Flamme im Herzen,* wird als *Markstein deutschen Soldatentums* gepriesen. Das *Heldenlied von Narvik*. Ein brutaler Überfall des faschistischen Deutschlands auf Norwegen und Dänemark, der zur Friedensmission stilisiert wird, vom *bewaffneten Schutz* dieser *Staaten durch die deutsche Wehrmacht* ist die Rede. Was von all den Lügen mögen meine Eltern geglaubt haben, ich sehe sie den Atlas hervorholen, mit den Fingern dort entlangwandern, wo ich neunundfünfzig Jahre später entlangwandere, in Narvik das Kriegsmuseum besuche, den Kopf voller Meldungen über Bombardierungen Serbiens. April 1999: Bomben auf serbische Städte und Dörfer. Beweise für Massaker werden im Fernsehen vorgeführt, ob sie tatsächlich stattgefunden haben, weiß niemand. Rechtfertigung für Bombardierungen. Die Opfer sind vorwiegend Zivilisten. Die offizielle Deklarierung des Angriffs als Friedensmission. *Friedensdurchsetzung* heißt es heute. Das brennende zerstörte Narvik, auseinanderberstende Schiffe im Hafen 1940. Bombenteppiche auf serbisches Gebiet 1999. Krieg – Nachkrieg – kalter Krieg – Krieg. Mein Kindeskind, 1999 geboren, ist ein Kriegskind. Ich bin ein Kriegskind. Zerstörung am Tag meiner Geburt, Bomben am Tag seiner Geburt. 7.12. 1940 - 7. 4. 1999. Die Klammer des Krieges um das halbe Jahrhundert. Flüchtlingsströme 1999. Flüchtlingsströme 1945.
Der Nachkrieg, die Zeit meiner Kindheit. Der Hunger. Die Jagd nach Nahrung. Mein Widerwille dagegen. Ährenlesen auf den Stoppelfeldern, das lange Warten, bis die Bauern die Felder frei gaben. Eicheln sammeln am Gallberg, Beerensuchen, der keifende Streit der Frauen um die Reviere, Löwenzahn pflücken. Vor den Geschäften der Stadt stundenlang in der

Schlange stehen, für eine Kanne Milch, ein Glas Melasse. Die Zankerei der Kinder um einen Apfelgriebs. Der bittere Geschmack des Eichelkuchens; Rübenmus und Suppe aus geröstetem Gries, die einem den Magen umdrehten, Suppen aus holzigen Kohlrüben, aus Brennesseln. Die einzige Köstlichkeit, die es in meiner Kindheit gab, kam aus dem Norden, kam aus Schweden. Tagtäglich spähte ich nach dem Paketboten. Er war der Glücksbringer. Jedesmal wenn ein Paket aus Schweden kam, gab es ein Festessen. Die Brotmarken wurden dafür aufgespart. Die Familie saß um den Tisch im Eßzimmer. Die Köstlichkeit hieß Hering, kleine zartrosa Fischfilets in ovalen Büchsen, eingelegt in eine Marinade aus Weinbrandessig, kleingehacktem Dill, Zwiebeln und Kapern. In Millimeterstücke wurde der Fisch geschnitten, mit Schwarzbrot gegessen. Oder mit Kartoffeln. Ich zögerte den Genuß so lange wie möglich hinaus, indem ich die winzigen Stücke auf den Tellerrand schob und zunächst die Kartoffeln oder das Brot mit der Marinade tränkte. Die Mutter verteilte sie tropfenweise. Dann der Fisch. Ich beobachtete die Teller der anderen. Ich hielt den letzten Millimeter so lange zurück, bis das zarte Rosa von den anderen Tellern verschwunden war. Mein Letzthappen. Das stumme Tischgebet, üblich bei uns, vor und nach dem Essen, richtete ich stets an den Paketboten.
Auch Kleidung war in den Paketen. Ich erinnere mich an einen Pelzmantel, den ich als Fünfjährige erhielt, aus dem ich später meinen Söhnen Westen nähte, an eine graue Hose, Jacke und Kappe, die zu Fastnacht in ein Mäusekostüm verwandelt wurden. Der Mäuseschwanz blieb, als ich mit anderen Kindern bettelnd durch die Geschäfte zog, in der Tür der Bäckerei in der Eisenacher Straße hängen, ein Loch riß in die Hose. Vorwürfe der Mutter. Ich mußte mit einem Flicken gehen. Es störte mich nicht. Wie es mich auch nicht bekümmerte, daß die Pakete niemals Modisches enthielten wie die Westpakete, mit denen andere Kinder in der Schule angaben. Ich blieb ganz ruhig und in mich gekehrt. Es war eine Frage der Himmelsrichtungen. Meine war eine andere. Für mich als Kind war der Norden der Westen. 1930 hatten meine Großeltern eine schwedische Gymnasiastin, Astrid Kellert, in ihr Haus in Arnstadt aufgenommen. Ein Jahr später reiste ihre Tochter, meine Mutter, zum Schüleraustausch nach Schweden. Dann das Jahr dreiunddreißig, Hitler kam an die Macht, es kam der Krieg. Meine Mutter heiratete, gebar zwei Kinder. Es blieb die einzige große Reise ihres Lebens. Immer erzählte sie davon. Die Mädchenfreundschaft hielt. Auch Astrid heiratete; sie gaben ihrem Sohn den Namen Olof.
Meine Mutter schickte als Dank für die Pakete jahrzehntelang Bücher und Schallplatten nach Schweden. Ihr größter Wunsch war der, noch einmal in ihrem Leben dorthin zu reisen, um die Freundin wiederzusehen. Jedes Jahr fuhr sie nach Warnemünde, sah die Fährschiffe nach Trelleborg auslaufen. Stand auf der Hafenmole. Blieb stets zurück. Sie bekam keinen Paß. Ihr Wunsch erfüllte sich nicht. Als sich 1989 die Grenze öffnete, war sie zu alt. Ein Jahr später starb sie.

Er: Das Spiel mit der Biographie; sie umschreiben, eine neue erfinden. Die Großmutter ist in Schweden geblieben. Die Tochter, die später geboren wird, ist als Liv Ullmann bekanntgeworden und hat in Jena Germanistik studiert. Warum eigentlich? Die Kinder, die sie gebar, hatten eine schöne Kindheit. Auch Astrid heiratete, ihr Sohn hieß Olof Palme und wurde 1986 von einer Bombe getötet.

Sie: Ich erinnere mich, wie in jenem Jahr in Rom in der Sommerhitze, in der Bilderflut der Großstadt, plötzlich ein Gegenbild auftauchte: Ich auf der Fahrt durch die schneebedeckten Berge Lapplands. Weite Ebenen. Reinweiße Schneefelder auf den Gipfeln, schwärzliche Adern abwärts, feuchtes Grau auf den Schneeflächen in den Ebenen, schwarz-weißes Gefleck der Eisdecken auf den Seen. Die Eintönigkeit der Erscheinungen, Farben, Formen. In endloser Wiederholung die gleichen großen Bilder. Kargheit, Leere. Eine ungeheure Ruhe breitet sich in mir. Es ist Anfang Juni. Ich fahre mit dem Silverexpress von Arvidsjaur im schwedischen Lappland nach Bodø an die norwegische Küste. Ich bin der einzige Fahrgast. Der Silverexpress ist zugleich der Postbus. In Arvidsjaur, Arjeplog, Jutis und Jäkvik werden noch prall gefüllte Postsäcke ein- und ausgeladen, je höher wir in die Berge kommen, desto schlaffer werden die Säcke, schließlich sind es nur noch Posttaschen, größere, kleinere. Sie werden in Kästen am Straßenrand eingeschlossen, an

Pfosten gehängt oder neben den Ortsschildern auf die Straße geworfen. Kaum mehr Gehöfte. Immer menschenleerer wird die Landschaft. Einmal sehe ich einen Halbwüchsigen in kurzen Hosen und Pantoffeln im Schnee stehen, der Fahrer wirft ihm die Posttasche zu. Ein andermal, kein Haus weit und breit, nähert sich, eilig, auf einem verschneiten Weg ein gebeugter alter Mann mit Witwenbuckel, die Posttasche fliegt heraus, der Mann bleibt stehen, winkt, der Fahrer hupt, fährt weiter. Von nun an übernehme ich die Verteilung der Post. Ein hoher Stapel von Taschen liegt noch beim Fahrer. Auf dem Etikett unter durchsichtiger Folie steht der Ort ihrer Bestimmung. Auf der Landkarte an der schwarzen Linie der Straße in Abständen kleine Kreise. Orte. Namen. Ich sortiere die Posttaschen danach. Warte. Keine Gehöfte, keine Häuser. Aber von Zeit zu Zeit Ortsschilder. Ich werfe die Taschen ins Niemandsland. Wer wird die Briefe öffnen, sie lesen? Sind es nicht Botschaften für mich? Mit jedem Halt wird mir die Straße vertrauter. Ich bin sie schon

viele Male gefahren, diese Straße. Auf den Schildern lese ich bekannte Namen; es sind meine Orte, es ist die Wanderkarte, die Topographie meines Lebens. Der Ort, in dem ich geboren wurde, der Ort meiner Kindheit, ich als Vierjährige an der Hand meiner Mutter; nach Kriegsende zieht die russische Armee in die Stadt ein, das Pferdegetrappel auf dem Pflaster der Eisenacher Straße, auf dem Bertha-von-Suttner-Platz. Ich mit achtzehn, ich verlasse die Stadt auf dem Schienenweg. Der Universitätsort im Talkessel, grüne Hügel ringsum, der erste Mensch fliegt ins All, es ist ein Sowjetbürger, ich winke auf der Straße hinter der Absperrung Juri Gagarin zu. Dozierende Professorenstimmen, es sei nur die Frage einer kurzen Zeit, dann werde die ganze Welt sozialistisch und das Glück der Völker vollkommen sein. Der Betonturm, der wie ein Pfahl ins Fleisch der alten Stadt gerammt wird. Abschluß des Studiums. Ortswechsel an den Strand der Saale in das Schließfachviertel der Stadt mit den Hüttenschloten. Heirat – das erste Kind. 1968 Thüringen

verlassen, preußischer Sand, Hauptstadt der DDR, das Rasseln der Panzerketten auf den Straßen in Richtung ČSSR. Das zweite Kind, ein Wunschkind. Das Zischen der Stadtbahn, das Zuschlagen der Türen, morgens und abends, acht Jahre lang. Das Dozieren, nun nur noch lächerlich und hohl, sich ausbreitende Dumpfheit, Stagnation, endlich – nach acht Jahren – sich aus dem warmen klebrigen Brei ziehen, am eigenen Schopf. Zäsur, Freisein, Atem. Die Asymmetrie, Kraftzuwachs in der Arbeit, Sturz im Privaten. Scheidung, Trennung der Kinder. Eine neue Bindung. Der Mann in seinem Bauernhaus in Mecklenburg. Das Freisein weggewischt, aufgegeben. Der Weg zu ihm ein Irrweg. Die Unfähigkeit, sich das einzugestehen. Erstarrung inmitten einer Idylle. Satz um Satz zum rettenden Ufer der Worte. Atemzüge. Schreiben als Überleben, als letzter Ausweg. Endlich die Kraft zur Trennung, zur Flucht. Wieder der preußische Sand. Mit zweiundvierzig die erste Wohnung allein.

Sie: Noch immer das Kahlfjäll. Eine weite Ebene, Hügel, Kuppen, die Linien der Berge. Die Linien in meiner Handfläche gestern am Feuer. Meine Augen wandern über die Landschaft wie über einen Leib. Die Erde ein Körper. Die Landschaft voller Erotik. Das Bergmassiv der Rücken eines Mannes, die Zäsur seiner Taille, ein Bogen bis hin zur Höhe der Schulter. Wieder Verse in mir: *Das ist die Stimme des Freundes, siehe er kommt, und hüpft auf den Bergen, und springt auf den Hügeln.*

Hinter der Tarraluoppal-Hütte – ich bin schon auf 700 Meter Höhe, habe die Wettersituation nicht beachtet – nehme ich auf einmal wahr, daß der Himmel all seine Farben verloren hat, ein Schleier von Milch und Mörtel hängt über mir. Und dann geht es ganz schnell. Wind kommt auf und es beginnt heftig zu schneien. Wind und Schneegestöber verstärken sich. Fast ein Schneesturm. Der Schnee ist wäßrig, ich müßte Wetterhose und Cape überziehen, aber es ist unmöglich. Ich laufe weiter, Schritt um Schritt, gegen den Schneewind gestemmt. Die Knie werden feucht, ich bin eingeschlossen in dieses nasse, undurchdringliche Weiß. Der Gedanke – im Zelt zu übernachten. Ich könnte es gar nicht aufstellen, es würde wegfliegen. Und naß ins Zelt kriechen? Ich beschließe, obgleich ich alle Nächte draußen schlafen wollte, bis zur Tuottar-Hütte zu laufen, dort Schutz zu suchen. Gehe ich überhaupt vorwärts oder stößt mich der scharfe, harte Schneewind mit

jedem Schritt zurück? Ich biete all meine Kräfte auf; Schritt, Schritt, Schritt. In mir ist Leere, aber keine Angst. Die Zuversicht, die aus dem Körper kommt, Schritt, Schritt. Ich *bin* dieser Schritt. Befinde ich mich überhaupt auf dem richtigen Weg? Es gibt kaum Wahrnehmung in diesem undurchdringlichen Weiß. Wie lange werde ich so laufen können?

Auf einmal läßt der Wind nach, so plötzlich, wie er gekommen ist, geht er wieder. Er legt sich und der Schneefall hört gänzlich auf. Die Konturen der Landschaft kehren zurück. Ich bin auf einer Hochebene, sie dehnt sich, die Augen können das Ende nicht fassen. Ich bleibe stehen. Um mich ist vollkommene Stille. Diese Stille hat nichts Sakrales, nichts Kultisches. Die Stille ist die Stille. Wie die Hochebene die Hochebene ist, der Stein der Stein. Die Landschaft gehört sich selbst, ist in sich vertieft, sie rückt mir nicht zu Leibe. Das Unberührte dieser Einöde. Der Landschaft gleichen, in das Elementare zurücksinken. Ich habe das Gefühl, noch nie an einem Ort gewesen zu sein, der so fern vom Menschen, so still, so einsam ist. Ist es das, was ich suche, was die Einsamkeit vollkommen macht? Ich bin nicht abseits, sondern jenseits. Jenseits aller Anstrengungen, die das Leben erfüllen, beängstigen, zerstören, jenseits von Weltkarten, Planungen, Nachrichten, Terminkalendern. Diese Einsamkeit als Zustand, von allem losgerissen zu sein. Ich bin in der Weite, im Vergessen, ich sehe mich in dieser Weite, diesem Vergessen; in dieser Landschaft bin ich ein Punkt im Weiß.

Sie: Ich laufe weiter. In den Weißtönen der Hochebene sehe ich blaßbraune Flecken, es müssen die kleinen Seen sein, die auf der Karte eingezeichnet sind, ich bin auf dem richtigen Weg. Noch über zwei Stunden brauche ich, bis ich die Tuottar-Hütte erreiche. Als ich ankomme, ist es schon dunkel.

Ich öffne die Hüttentür. Als ich die Petroleumlampe anzünde und ihr Lichtschimmer in den Raum fällt, auf Betten, Tisch und Hocker, ist mir, als hätten die von Menschen gebrauchten Worte in der Einöde ihren Sinn verloren; alles ist fremd, ich sage laut Tisch und Bett vor mich hin, als ob ich den Dingen ihre Bedeutung zurückgeben könnte, aber die Worte fallen ohne Gewicht in mich. Dann hocke ich mich auf den Boden, um die Gasheizung anzuzünden, die Anleitung kleingedruckt in Schwedisch und Englisch daneben, ich brauche einige Zeit, bis ich die richtige Reihenfolge beachte, dann zündet die Flamme und es wird langsam warm in der Hütte. Ich stopfe Zeitungspapier in meine Wanderstiefel, hänge meine Sachen zum Trocknen auf. Dann brennen auch die beiden Flammen des Kochherdes. Ich esse,

aber ich tue es fast mechanisch. Der Widerstreit zwischen körperlicher Erschöpfung – nur langsam kehrt Leben in mich zurück – und innerer Heiterkeit. Später lege ich den Schlafsack in eine der unteren Kojen der Doppelstockbetten, krieche halbschläfrig wohlig hinein. Das Fenster ist geöffnet, es ist wie die angelehnte Tür in der Kindheit, ich lausche auf die Stille. Das Licht der Petroleumlampe flackert hinter den Lidern. Als ich die Augen noch einmal öffne, entdecke ich neben der Tür einen Spiegel. Im Rucksack habe ich keinen. Ich bin versucht, nochmals aufzustehen und meine Augen im Spiegel zu betrachten, ich zögere, tue es dann doch. Hole die Lampe. Als ich wieder in den Schlafsack zurückkrieche, könnte ich vor Glück einen Kopfstand machen. Das Geschenk. Ich habe in meinen Augen dieses Leuchten gesehen.

Er: Ich erreiche die Tarraluoppal-Hütte. Es ist niemand da. Ich mache mir ein Mittagessen. Ein kräftiger Wind weht um die Hütte. Wie soll ich bei diesem Wetter, im Schnee, oben mein Lager aufschlagen. Ungute Gefühle, ich versuche sie zu verdrängen, weiß, es gibt kein Zurück, ich muß es wagen.
Der Aufstieg dann. Über Stunden. Stetig. Kein beschwerlicher Weg. Die Schneekonturen der Berge. Alles liegt im Grau. Je höher ich komme, desto kräftiger bläst der Schneewind. Meine Bedenken nehmen mit Windstärke und Höhe zu. Weiten sich zu Angstgefühlen. Plötzlich, für mich selbst völlig unerwartet, wie von einer geheimen Kraft getrieben, biege ich vom Weg ab. Finde hinter einem Hügel eine ebene Stelle. Ich beschließe, hier mein Zelt aufzubauen. Der Neuschnee ist feucht, er läßt sich gut zusammenrollen, mir kommt der Gedanke, einen Schutzwall aus Schnee, eine Art Iglu, zu bauen. Ich bin eine Stunde oder mehr in Bewegung, bin innerlich warm, habe weder ein Problem mit dem

Schnee, der vom Himmel kommt, noch mit meinen nassen Handschuhen. Roknäs, einmal grub ich unter dem Haus einen tiefen Graben – es ging um die Wasserleitung –, ich hatte das Gefühl, von meinem eigenen Haus verschüttet, unter ihm begraben zu werden. Jetzt schaffe ich mir mit meinen Händen in dieser Wildnis eine Geborgenheit, der kleine Stolz eines Häuserbauers erfüllt mich, als ich mein fertiges Iglu betrachte, das sich seitlich neben dem Zelt im Halbkreis wölbt. Seltsame unbekannte Gefühle stellen sich dann beim Anblick der Spiritusflamme in der Schneehöhle ein. Die kleinen Dinge, die wichtig werden. Der Gedanke, jetzt gibt es gleich Kaffee, jetzt geht es gleich in den warmen Schlafsack. Gegen 20 Uhr kommt ein Abendrot. Himmel und Landschaft sind in der schneegeschwängerten Luft von einem zarten Rosarot überzogen. Stille. Es beginnt wieder zu schneien. Der Schnee prasselt in feinen Tönen auf das Zelt. Stecknadelmusik. Ich schlafe ein.

Sie: Im Schlaf löst sich der Ablauf der Stunden, die Ordnung der Jahre auf. Ich bin auf einem idyllischen Wassergrundstück am Ofotenfjord in Narvik. Meine Söhne haben es von einem Norrbotten gekauft, der dringend Geld braucht. Auf dem Papier, das alle drei unterzeichnen, ist die schwedische Krone abgebildet. Der Norrbotte schwenkt das Papier wie eine Fahne und läuft damit davon. Am Bootssteg, der weit in den Fjord hinausführt, liegt ein Kajütboot, ich kenne es von der Spree, es war mir viele Jahre vertraut. Es ist frischlackiert und blitzsauber. Stille im Fjord. Nur Möwengekreisch. Ich schlendere durch das hohe saftige Gras, lasse mich hineinfallen. Aus dieser Perspektive sehe ich inmitten der grünen Wiese eine Frau an einem Computer-Monitor sitzen. Es ist meine Mutter. Ich springe auf, renne hin. Im Gras liegen keine Kabel, der Computer ist ohne Strom. Aber der Bildschirm flimmert, Zahlenkolonnen ziehen über ihn, meine Mutter sagt leichthin, stromlos, das ist bereits die nächste Generation, sie erklärt mir, mit welchem Programm sie arbeitet. Sie wirkt jung, lächelt glücklich, hat ihr Haar zu kleinen Zöpfen geflochten, ihre helle Kopfhaut schimmert. Ich will sie umarmen, sagen, du hast es geschafft, aber sie stößt mich wütend zurück.

Das Bild schwindet. Wieder Idylle. Ich sitze auf einer Bank vor dem Haus, lehne den Kopf an das sonnenwarme Holz, der Sohn sitzt lesend neben mir, die Lettern auf seinen Buchseiten bewegen sich. Ich sehe, wie der andere Sohn sich mit Frau und Kind zu einer Bootsfahrt fertigmacht. Er läuft zum Steg hinunter, bepackt mit Rentierfell, Benzinkanister, das Kind auf dem Arm.

In diesem Augenblick verfinstern sich Himmel und Fjord. Eine Flotte von Kriegsschiffen läuft in den Ofotenfjord ein. Alles geschieht lautlos. Im Zeitlupentempo. Wir können die Bootsfahrt vergessen, wenigstens heute, sagt der Sohn völlig ruhig, als er mit Frau und Kind zurückkommt. Er nimmt nicht wahr, daß hinter ihm Soldaten auf den Steg klettern, ihn als Landungssteg benutzen, aufs Grundstück kommen, mit ihren schweren Militärstiefeln über den Rasen trampeln, ihn niedertreten, er wird braun. Ein Soldat mit einer Kamera nähert sich, er ähnelt Sven Hörnell. Ein anderer entreißt ihm die Kamera, nimmt das Kind, setzt ihm einen Stahlhelm auf, macht ein Foto von ihm; das Kind mit deutschem Stahlhelm. In dem

Moment, in dem ich den Soldaten fotografieren sehe, weiß ich, ich kenne das Foto längst. Ein Russe hat es aufgenommen, als deutsche Soldaten dieses Kind in eine brennende Kirche warfen, zu den anderen dort eingeschlossenen Kindern und Frauen. In das Zeitlupentempo kommt Bewegung, die Lautlosigkeit reißt. Detonationen fließen über den Himmel, hallen an den Wänden des Fjords wider. Ich höre das Prasseln der Flammen, die brennende Kirche, höre die entsetzlichen Schreie der verbrennenden Kinder und Frauen.

Unablässig gelborangene Blitze aus Geschützen, explodierende Sprengsätze, fliegende Granaten und Torpedos, Aufklatschen auf dem Wasser, Öllachen, schwarze Rauchwolken. Sinkende Schiffe, sie bäumen sich, neigen sich zur Seite, Schiffsrümpfe ragen aus dem Wasser des Fjords. Engländer, Jugoslawen, Norweger erscheinen auf dem Deck der Schiffe, springen über Bord. Aus unmittelbarer Nähe verfolge ich ihre Schwimmbewegungen, im nächsten Moment sehe ich die Soldaten als Tote im Fjord treiben. Nie wieder, ruft eine Stimme. Wessen Gewissen ist es?

Vierter Tag

Sie: Als ich erwache, habe ich das Gefühl, mein Herz setzt aus, dann schlägt es plötzlich rasend. Der Traum. Mein Kopf versucht den Lageplan des Ortes zu rekonstruieren, versucht erfolglos zu ermitteln, wo ich bin. Ich öffne die Lider, aus vagen Bildern, aus Hüttenfenster, Tisch, Herd, setzt sich mein Ich von neuem zusammen. Ich vergewissere mich, die Hütte, in der ich erwacht bin, ist die Realität. Atemzüge an diesem vielleicht einzigen Morgen des Friedens. Ich frühstücke üppig, überziehe schon am Morgen meine Tagesration. Mußt es nicht schleppen, sage ich mir leichtfertig, bin mir meiner Unvernunft bewußt. Laufe los, die Augen gierig auf die Landschaft gerichtet, als könnte ich aus ihr den Zustand des Glücks saugen, den nur sie mir zu geben vermag: Frieden auf Vorrat.

Stunden um Stunden der Weg. Die weite rauhe Landschaft, die ich durchwandere, fordert mir Schweigen ab. Die Gewißheit von den nicht menschlichen Grundlagen der Welt des Menschen, die mich angesichts dieser Landschaft erfüllt. Es ist der wiederholte Tag des Schweigens. Alles fällt von mir, Zweites, Drittes, Urteile, Stimmen, Bilder. Kein Zustand des Vergessens, der Abnabelung von der Welt, im Gegenteil. Die Langsamkeit, mit der sich die Linien der

Berge, die Flächen von Wasser, Moor und Hügeln verändern. Allein wandern. Allein sein. An diesem Tag des wiederholten Schweigens bin ich so allein, daß ich mit einem Mal die gesamte Erde zu sehen meine. Kleine bleiche Telegramme von der Welt fallen auf mich. Ich sehe Eisbären auf Spitzbergen, die Leiber voller Umweltgifte, so daß ihre Fortpflanzung gestört ist, Kadaver von Pottwalen, deren Schadstoffwerte die von Klärschlamm überschreiten. Eismöwen, die an einem Konzentrat von chlor- und bromartigen Substanzen verenden. Ich sehe die Kinder der Eskimos, die Babys, die mit der dioxinbelasteten Muttermilch täglich zwanzigmal mehr Polychlorierte Biphenyle einsaugen als die Weltgesundheitsorganisation für tolerierbar hält. Dort, wo keine Müllverbrennungsanlagen beschickt, keine Pflanzenschutzmittel verspritzt werden, ist die Schadstoffbelastung am größten. Die Erde funktioniert wie ein Destillationskolben. Die Umweltgifte, die in den Industrieländern verdunsten, wandern nach Norden, kondensieren dort; doch lange Winter, ewiges Eis und wenig Sonneneinstrahlung verhindern, daß sie abgebaut werden. Wie eine Lähmung überfallen mich die Vorstellungen. Aber zusammengekrümmt zu einem Nein ist kein Vorwärtskommen möglich.

Er: Im Halbschlaf Bilder, Töne, im Erwachen Farbspiele, verschwommene Räume, absurde Formulierungen, Sätze ohne Sinn, die durch meinen Kopf wirbeln. Ich krieche aus dem Zelt. Es ist sehr kalt. Meine Schneehütte ist über Nacht zur Eishöhle geworden. Ich zünde die Spiritusflamme an. Mache mir Kaffee und eine Suppe, esse im Stehen. Ich bin fröhlich, ich habe es geschafft, meine erste Übernachtung im Schnee. Eine neue Erfahrung. Ich lasse mir Zeit beim Zeltzusammenrollen und Rucksackpacken. Die Wolkenberge, die sich auf der Horizontlinie türmen, ziehen davon, in glänzendem kaltem Weiß liegen die gewaltigen Schneegipfel des Sarek vor mir. Die weiße Sonne wärmt.
Ich hucke den Rucksack auf, will los, setze ihn unvermittelt wieder ab, hole meine Papiere heraus, skizziere, notiere. Alles, was in mir herumwanderte, tage-, nächtelang, am Morgen im Halbschlaf, im Erwachen, ordnet sich mühelos, verdichtet sich; ich war lange genug unterwegs, die Gedanken, Bilder sind ans Ende gewandert.
Beim Laufen dann eine einmalige Fernsicht, Bergkette hinter Bergkette, Gebirgsformationen, deren Entfernung durch Farbschattierungen signalisiert wird. Auf einem Bergrücken sehe ich, winzig klein und gestochen scharf, eine Rentierherde südwärts ziehen. Vor mir liegen weite Wasserflächen, in denen der Himmel sich spiegelt. Ich bin voller Energie, spüre schon die Freude, wenn ich nach Roknäs zurückkehren und in meinem Atelier, der Maschinenhalle, sein werde. Nach Stunden eine Berghütte, die Touttar-Stuga. Unweit von ihr ein Bergsee, der Tjekimjaure, schwarzblau, schneeweiß umrahmt. Ich zünde das Gas in der Hütte an, ziehe mich aus, hänge die Kleider über die Heizung, laufe nackt, nur mit Bergschuhen, zum See, ziehe die Stiefel aus, tauche in das Schwarzblau. Wasser – Himmel – Schnee – Atemnot. Ich kehre ans Ufer zurück. Zustand des Glücks, der mich übermütig macht; ich springe umher, im Rhythmus der nackten Füße: Schneesee Scheeseerehfee Schneeseerehfeezeh Schneeseerehfeezehweh. Fühmanns breites Gesicht vor mir.
Franz Fühmann, dem ich viel verdanke. Seine Einsiedelei im Wald, im märkischen Sand. Sein Schreibort war für mich als Junge von zwölf Jahren ein alchimistisches Laboratorium. Seine Sammlerleidenschaft, seine Bücher, Grafiken, Kuriositäten. Eingebunkert, zugepflastert hatte er sich. Ich erinnere mich an Kästen voller Kitschpostkarten, an Zigarettenbilderalben. An die nackte Schaufensterpuppe in der Garage. Die blauen Glasflaschen, die er in seinem Kanonenöfchen zu bizarrsten Formen schmolz. Sein übervoller Arbeitsraum, Bücherstapel, Papierstapel auf Schreibtisch, Stühlen, Fußboden. Das Faszinierendste seine »Wandzeitungen«. Bilderfluten, gespenstisch, disparat, morbide, Reales und Surreales, Collagen. Die Gedankenwelt der jeweiligen Arbeit, an der er saß, das, was er in schwarzen Lettern auf weißen Bögen bannen wollte, war da zu sehen. Entschlüsselte er aus dem Vergleich des Disparaten Zusammenhänge, war es eine Art optischer Relativitätstheorie, aus der er im Text die Strukturen von Raum und Zeit gewann? Sein den Besuchern Zugewandtsein. Nie ging man von ihm ohne Anregungen, Stachel, die er einem ins Fleisch trieb, fast spielerisch. Seine Arbeitsbesessenheit, es gab keine Minute, in der er nicht arbeitete.

Die Zeit läuft voraus. Ich sehe mich in Rom, ich besuche meine Mutter. In der Casa di Goethe war der Raum, in dem sie für sechs Monate lebte, voll von Fotos, Landschaften, Landkarten, Skizzen, Arbeitsnotizen von Lappland. Am ersten Tag zeigte sie mir, was sie in Rom am meisten liebte. Wir fuhren mit der Metro bis zur Station Garbatella, wateten durch die Gemüse- und Obstabfälle des Großmarktes, hinter uns begannen Bulldozer die Abfälle zusammenzuschieben, wir gelangten zum Museum »Maschinen und Götter« und sie zeigte mir eine kleine griechische Statue, eine Frau, die, das Kinn auf die Hand stützt, sinnend steht; ich sah sofort, daß sie in eine Landschaft gehörte. Diese kleine Statue hatte meine Mutter schon sechsmal besucht, während sie der Reiterstatue des Mark Aurel keinen Besuch gegönnt und auch die ganze Zeit ihres Aufenthaltes in Rom niemals die Stufen der Treppe zum Kapitol hochgestiegen war, auch Kolloseum und Forum Romanum nicht betreten hatte. Sie erzählte vom Garten der Nonnen in Santissima Trinita dei Monti, in den der Pförtner, ein junger Kongolese, sie mit Erlaubnis der Oberin an glühend heißen Sommernachmittagen eingelassen hatte, vom Rückweg dann über die Spanische Treppe voller Touristen. Rom, sagte sie, sei wie tausend Monitore, die gleichzeitig liefen. Die Stadt sei ein endloser Text, sie sei wie das Zeitalter, alles werde erzählt und nichts werde gehört. Um zu schreiben, müsse man der Erzählwelt Schweigen abfordern, der Welt, sich selbst, den Worten, den Klängen. Das sei ihr hier unmöglich. Ich spürte ihre brennende Einsamkeit in dieser Stadt. Auch die Casa beherbergte sie nicht. Der historische Raum war durch moderne Büromöbel verfremdet, und schloß sie die Tür nicht hinter sich ab, konnte sie sicher sein, daß Museumsbesucher klinkten, die Tür öffneten, ihre Köpfe hereinsteckten im Glauben, auch hier noch etwas von Goethe zu erwischen.

Zu zweit mache es Spaß, durch die Stadt zu wandern, sagte sie. Wir schlenderten über den Aventino und durch Trastevere, liefen durch labyrinthische Altstadtgassen, saßen auf dem Brunnenrand der Fontana di Trevi. Wir unternahmen eine Bergbesteigung, stiegen in die Kuppel des Petersdomes. Das Fußbodenmosaik, über das unsere Füße gerade gegangen waren, dessen Detail-Schönheit wir gerade bewundert hatten, war von oben aus der Kuppel mit einem Blick zu erfassen, war in der Gesamtheit von Farben und Formen in unseren Augen, und wir sprachen über Gestein, Wasser, Gräser und deren Strukturen. Nach einem weiteren Aufstieg durch beklemmend enge schmutziggelbe Gänge lag Rom unter uns, wie eine Landschaft breitete sich die Stadt, wir sahen hinab und redeten über Lappland, und die optischen Zitate, die aus dem Vergleich des Disparaten in unsere Augen sprangen, waren vielfältig; es sei gut, die Perspektive ab und an von Vogelbäuchen auf Vogelrücken zu verändern, sagte meine Mutter, und später, dort, in der Kuppel, mit dem Blick auf das Mosaik und auf das unter uns liegende Rom, hätte sie erstmals eine Ahnung davon gehabt, wie unser Buch angelegt sein müsse. Später liefen wir unter den schattigen Platanen am Tiber entlang, gelangten zur Piazza Ignazio, wo wir im Freien inmitten von fröhlich lärmenden römischen Familien ausgiebig tafelten, und der Wein und unsere Arbeitsgespräche machten uns trunken.

Er: Ich höre die Stille. Mit jedem Tag nehme ich sie differenzierter wahr. Sie öffnet mir Klangräume, Erlebnisräume. Die Stille, sie gehört mir, in dieser einsamen Landschaft. Ich denke an Jakob Lenz, wie er *durch's Gebirg ging* und ihm *die Stille mit entsetzlicher Stimme um den ganzen Horizont schrie, das Biegen seines Fußes wie Donner unter ihm tönte*. Meine Nähe zu Lenz. Als Student an der Kunsthochschule meine Installation »Ich spende Haar an Lenzens Grab«. Ein begehbarer schwarzer Raum. Winzige Fenster darin, Guckkästen. In allen war ein Mann – ich – im Lenz-Kostüm zu sehen, in der Landschaft, in Bewegung, im Sprung. Mit dem Selbstauslöser hatte ich fotografiert, alle Bilder hielten den Augenblick des Fallens fest. War diese Opfergeste Lenz gegenüber damals eine Abbitte? Alles gelang mir, ich hatte Erfolg. War ich nicht eher den cleveren Goethe-Typen zugeneigt, drückte das Sensible bei anderen, aber auch in mir, zu schnell weg? Meine mit den Jahren des Berufslebens wachsende Sympathie für Lenz. Daß er ungeschützt, mit offenem

Visier lebte. Einzig seine Kunstidee verfocht. Seine Besessenheit von der Sache ließ ihn in entscheidenden Momenten oft das Falsche tun, brachte ihm Hohn und Spott ein. Diplomatische Verstellung lag ihm nicht, Geld hatte er keines. Lenz, der *loser*, der Verlierer. So sein wie er. Offen, gradlinig, ohne Maske. Der Versuch dazu, der immer wieder in dem Gefühl endet, auf dem Kopf laufen zu müssen, verrückt zu werden. Lenz in der modernen Medienwelt, die lauten Stimmen der Gedankenlosigkeit, die Meinungsmacher, Claqueure, Nachbeter, Lenz im Getümmel von Kunstmarkt, Theatergeschäft, im Kampf mit Quotengöttern, Geldgebern, Konzernen, Sponsoren, Fördervereinen, Stipendienkommissionen, Senatsverwaltungen. Die notwendige Cleverneß, die stets mit kleinen Gemeinheiten einhergeht und auf die Dauer ein Loch in die eigene künstlerische Identität reißt. Lenz war seiner Zeit voraus, *das allergrößte Leiden* sei *Geringschätzung*, sagte er.

Er: Seit achtundvierzig Stunden bin ich keinem Menschen mehr begegnet. Und ich werde wohl auch keinem mehr begegnen. Die Landschaft wird mir allein gehören. Vielleicht ist es wie in einem Liebesverhältnis, man möchte der einzige sein. Erst im Alleinsein mit der Landschaft kann sich die Intimität entfalten. Der Himmel der weiße Zeichenkarton. Ich entsinne mich an das Wohlgefühl in leeren Räumen, in der Kunsthochschule, in Theatern, in Schlössern, in denen ich allein war, mit dem Schlüsselbund umherlief, Herr des Hauses war. Die Landschaft als offenes, riesiges leeres Haus, durch das ich gehen kann, ohne Schlüssel zu brauchen. Was würde passieren, wenn ich für immer in die Großstadt eingesperrt würde?
Plötzlich sehe ich zwei Wanderer mir entgegenkommen. Ein Schreck erfaßt mich, oder ist es Ärger, Verstörung. Sie grüßen, bleiben stehen, es sind Schweden, ein Mann und eine Frau. Wir sind mit der letzten Fähre über den Akkajaure gekommen, sagt die Frau, der Fährbetrieb ist eingestellt. Um es zu bekräftigen, holt sie den Fahrplan heraus, zeigt ihn mir. Ich sage nichts. Gehen Sie über Suorva, fragt die Frau. Ich nicke. Wir verabschieden uns. Suorva bohrt in mir. Bis zur Fähre sind es noch drei Tagesmärsche, jeweils zwanzig Kilometer. Für diese drei Tage habe ich Proviant. Für mehr nicht.

Über Suorva – ich müßte den Akkajaure-See am linken Ufer umgehen – wären es weitere vierzig Kilometer, noch zwei Tagesmärsche also. Ich werde zur Fähre gehen. Ich bin gewiß: Irgend etwas wird sich finden. Als letztes bleibt mir das Nottelefon. Vielleicht ist noch ein Same da.

Später laufe ich auf einer Hochebene. Im Nebental zieht ein Gewitter auf. Der Gott des Donners mit dem Blitz ist der oberste Gott in der samischen Mythologie. Die Zeichen auf den Trommeln. Die Samen, die mit den Naturgewalten vertraut sind. Eine dunkle, fast schwarze Wolkenwand ist über mir. Was soll ich tun auf dieser ebenen Fläche? Mich auf den Boden legen, hinter einen Stein ducken, darunter können Wasseradern laufen und weit und breit sehe ich nur flache Steine. Den Rucksack ablegen? Mit meiner Ausrüstung bin ich ein wandernder Metallkörper; Gestänge, Kochgeschirr, Stativ. Mir wird bewußt, wie wenig ich über Gewitter weiß, wie unvorbereitet ich bin. Ähnlich wie die europäischen Großstädte, die sich sicher wähnen und am Ende des Jahrhunderts von Blitzschlägen, Stürmen, Gewittergüssen und Regenfluten getroffen werden.

PITEÅ-TIDNINGEN
Fredagen den 10 juli 1998

Blixten härjade i Roknäs

Huvudsäkringen small och alla fem byggnaderna som finns på gården fick strömmen utslagen.

ROKNÄS (PT)
I byn Storsöder utanför Roknäs är åskan en vanlig men ovälkommen gäst.

Under veckans åskväder lämnade blixten tydliga spår på Kjell och

Sie: In der Ferne trommelt ein Gewitter dumpf gegen den Horizont. Erinnerung an die Gewitter meiner Kindheit. Ich liebte sie. Immer waren es Schauspiele. Ich kletterte auf die Fensterbank, kauerte bei Wanderungen unter dem Regenmantel meines Vaters, ein Schlitz offen für die Sicht. Später die Gewitter auf dem Boot, auf der Oderfahrt, die Kugelblitze im Schiffshebewerk Niederfinow. Lichtbewegungen am Himmel, grüne Blitze, Krachen, strömender Regen.
Mein Sinneswandel in Roknäs. Beim ersten Gewitter schlägt der Blitz ins Haus ein. Als ich anderntags dem Postmann davon erzähle, fragt er, hast du die Feuerwehr holen müssen? Nein. Kein Brand. Er winkt ab, zerstörte Herde, Kühlschränke, Telefone, Modems – vierzig allein seien es im Dorf beim vorletzten Gewitter gewesen – wären normal, seien Lappalien. Er reicht mir die Lokalzeitung, ich sehe, dieses Gewitter hat Straßen weggerissen, Brücken einstürzen lassen, Gebiete überschwemmt; einzelne Gehöfte werden von Hubschraubern aus versorgt. Die Nachbarn Kjell und Gunn-Marie zeigen mir, welchen Weg der Blitz durch ihre Küche nahm. In einem anderen Jahr spaltete der Blitz einen großen Baum auf dem Nachbargrundstück, Gunn-Marie führt mir ihren von der Wucht der herausfliegenden Telefondose verletzten Arm vor. Der Postmann sagt: alle Stecker raus und ins Auto, in den Faradaykäfig, das ist der einzige Schutz. Meine Beunruhigung. Ist das Haupthaus in Roknäs durch Blitzschlag abgebrannt? Niemand gibt mir darauf eine Antwort.

Sie: Die Geschichte des Hauses in Roknäs. Das abgebrannte Haupthaus. Keiner, den wir fragen, weiß die Umstände. Hat das zum Verkauf des Grundstückes geführt? Wer hat hier früher gelebt?

In meiner Kammer entdecke ich in das Holz geritzte Buchstaben. Ich leuchte mit der Taschenlampe. Auf dem Deckenbalken gleich neben der Tür ergeben sie einen Namen: *Wiktor Sjöberg*. Auf demselben Balken nochmals *W Sjöberg*. Der Lichtstrahl wandert alle Balken ab. Zwei Inschriften, von 1904 und 1930. *1 gång på heta Sommarn*, steht da, darunter *Böndags morgon 1904*. Sind sie von diesem *Wiktor Sjöberg*? Was schrieb er an jenem Gebettagsmorgen an den Balken, eine poetische Formel, daß er sich den ganzen Sommer einsam gefühlt habe? Am 26. Juli 1930 dann eine nüchterne Mitteilung über das Einbringen der Ernte.

Eines Tages, ich arbeite im roten Raum, klopft ein Mann an die Tür. Er ist nicht, wie es hier in Norrbotten üblich ist, mit dem Auto auf das Grundstück gefahren, er hat es auf dem Feldweg gelassen. Er stellt sich vor, sagt, er käme aus Skellefteå, lebe da, habe ein kleines Maklerbüro, sei als Sportreporter tätig. Er habe in der Zeitung gelesen, ein Künstler arbeite jetzt hier in Storsöder. Das interessiere ihn. Er zögert, fragt, ob er Atelier und Grundstück sehen könne. Hat er bei der Vorstellung Sjöberg gesagt, ich bin mir nicht sicher. Aber meine Neugier ist wach. Wir gehen über das Grundstück, bei den Steinen an der Senke, in der Himbeersträucher wuchern, bleibt er lange stehen. Auch am Holzschuppen. Er nimmt eine der verrosteten Sicheln heraus, die zwischen den Balken stecken. In der Maschinenhalle geht er von Bild zu Bild, aber ich beobachte, wie seine Augen seitwärts wandern, dorthin, wo die alten Holzschlitten, die alten Gerätschaften sind. Ich ahne, er sucht Erinnerungen. Er schweigt. Als wir zum Vorratshaus kommen, öffne ich die Tür, sage, er könne eintreten, auch auf den Heuboden hochsteigen, wenn er wolle. Ich lasse ihn allein. Er bleibt an der Schwelle. Später, als wir vor meiner Kammertür stehen, wird er lebhaft, weist auf eine Stelle, wo das Holz morsch und abgesplittert ist; das sei von seinem Eishockeyspiel, er sei hergekommen, weil er hier aufgewachsen wäre, bis zu seinem zweiundzwanzigsten Lebensjahr habe er hier gelebt. Er tritt in die Kammer, setzt sich, erzählt. Als wir hinausgehen, frage ich nach dem Namenszug am Balken. Sein Großvater sei das gewesen, ein Kauz, er sei sehr alt geworden, siebenundachtzig. 1975 sei er gestorben, er selbst sei da neunzehn gewesen. Wir laufen weiter, jetzt wird er zur Stelle gehen, wo das einstige Haupthaus stand. Endlich kann ich fragen. Aber er sieht nicht einmal in die Richtung, möchte noch einmal ins Sommerhaus. Dann steht er im roten Raum; mein liebster Ort, sagt er, die ersten Mädchen, Feiern mit gleichaltrigen Freunden. Mit dem Fuß klopft er neben dem Schreibtisch auf den Boden, hier sei ein Keller darunter. Im Flur sei eine Treppe nach oben gegangen, der Teil, wo sich jetzt die Toilette befindet, sei erst später angebaut worden.

Nach dem Brand? Endlich die Frage. Ja, danach. Wann war er? 1980. Nein, kein Blitz. Im Winter, zu Weihnachten, am

26. Dezember, eine Gasexplosion. Kurz nachdem sein Vater Erik die neue Maschinenhalle gebaut hatte. Das Grundstück sei damit für den Vater wertlos geworden. Ob sein Vater noch lebe. Er sei im Vorjahr gestorben, achtzig Jahre alt. An der Senke bleibt er nochmals stehen; hier habe der Urgroßvater seine Werkstatt gehabt. Schuster sei er gewesen, er wisse es aus den Erzählungen des Großvaters. Er dreht sich zur Maschinenhalle um, beschreibt die alten Stallungen, die es hier gegeben hat, zum Sommerhaus hin offen, für den Auslauf der Tiere. Er sieht zu den Bäumen hoch. Diesen Wald, der das Grundstück jetzt umschließt, habe es in seiner Kindheit noch nicht gegeben, eine Hecke lediglich, die Bäume nicht einmal mannshoch.

Als er gegangen ist, hole ich die alten verstaubten Bücher vom Dachboden. Das »Swenska Psam-Boken«, ein Gebetbuch, 1873 erschienen. Ledereinband, Lederschlaufen, selbst die kleinen Schließen sind erhalten. Ein Namenszug darin: *Catharina Charlotta Holgren Piteå Suljnäs 1875*. Vielleicht die Frau des Urgroßvaters, des Schusters, die das Gebetbuch als Mädchen bekam und mit in die Ehe brachte. Ich sehe sie Sonntag für Sonntag in den langen Winterdunkelheiten mit dem Spark, einer Art Schlitten, durch den Schnee zur Kirche fahren, im Sommer an den Feldrainen entlangwandern. Ein noch älteres Gebetbuch, *Catechesen, författad i Sånger*, die ersten Seiten sind herausgerissen, mehrere Namenseintragungen, mit Tinte und Bleistift kleine Zahlenkolonnen notiert. Ein Buch in Packpapier eingeschlagen, ein Paketzettel mit der Nummer 110 klebt noch darauf. Ich entferne das Papier. »Medborgarkunskap för Fortsättnings- och Andra Ungdomsskolor«. Ein Schulbuch, eine Wirtschaftslehre, speziell für die Landwirtschaft, 1923 in Stockholm im P. A. Norstedt & Söner Förlag erschienen. Auf der Innenseite steht: *Erik Sjöberg Roknäs*. Auf Seite 66 eine handschriftliche Notiz: *Roknäs den 29/10/26*. Das Datum der Anschaffung vermutlich. Da war Erik Sjöberg elf. Mehrmals mit Bleistift seine Initialen. Dann ein Eintrag: *Harry Sjöberg Söder*, darunter ein kleines Herz. Der Bruder vermutlich. Wenige Seiten weiter stehen beide Namen nebeneinander. Der eine stellt über das O des Nachnamens noch eine Wellenlinie, der andere schreibt schon den Umlaut. War Harry der jüngere? Einmal schreibt Erik an den Rand: *Till dig*, für dich, als sei es eine Mahnung für den Bruder.

In meiner Kammer die Einsamkeitsformel. Wenn sie von Wiktor Sjöberg stammt, dann war er 1904 fünfzehn, wie der Herzzeichner verliebt vielleicht und unglücklich. Bei der zweiten Inschrift war er ein reifer Mann, war zweiundvierzig, als er ins Holz ritzte, er habe an diesem Tag die gesamte Heuernte eingebracht, zusammen mit Kurt Grauberg und einem Mann namens Obstrons. *År 1930 den 26, juli inbergadas sista höskörden fast – an – stag M kurtons Grauberg och Obstrons.*

Wiktor Sjõberg, der Bauer, sein Vater, der Schuster, sein Sohn Erik Sjöberg, der Landwirt, sein Enkel, der Mann aus Skellefteå. Vier Generationen in Roknäs, Storsöder 31.

Sie: Es sind die kleinen Dinge, die mich an Roknäs binden. Wäsche auswringen, aufhängen, Holz hacken wie in der Kindheit. Gras mähen. Geräusche. Vogelfüße auf dem Terrassendach, das leichte Schaukeln der Hopfenranken im Wind, das Klopfen des Regens, das Rinnen der Tropfen in die Regentonne. Unendliche Variationen. Veränderung in Lautstärke, Tonhöhe, Rhythmus. Stundenlang kann man es hören. Man wird anspruchsvoll. Nur wenig CDs in Roknäs, Luigi Nonos »Fragmente-Stille«, Bachs Cello-Suiten. Gerüche. Brennende Birkenscheite im Kamin, Holzfeuergeruch aus dem Schornstein, wenn man in der Herbstdüsternis das Haus umrundet. Warten. Im Regen nach wochenlangem Alleinsein auf die Ankunft von einem der Söhne; auf jedes Motorgeräusch sich nähernder Autos lauschen. Freunde besuchen. Jan, den Gerber. Mit ihm durch seine Werkstatt gehen; der strenge Geruch der Gerblauge, er gerbt noch, als einer der letzten Handwerker in Europa, ausschließlich mit Rinde. Das Geräusch, wenn er mit langen Stangen die Tierhäute in den alten

in die Erde eingelassenen Gerbbottichen wendet. Seine schönen Produkte, näbbskor, samische Stiefel, Mouse-Pads aus Leder, Jagdutensilien, Hutschachteln, teure Aktenkoffer für japanische Kunden. Mit Jan über das Leben reden. Mit Inger, seiner Frau, Fotografien vom Besuch des schwedischen Königs in der Gerberei betrachten. Mit ihnen feiern. Jans Geburtstag, der Ingers, sie mit einem Blumenkranz im Haar. Reden, Gesang, die vielen Menschen; ein Film von Ingmar Bergmann läuft vor meinen Augen. Der Tanz in der Mittsommernacht unter bunten Lampions. Das Nordlicht, wenn es in grünkalten Streifen, Wellen oder Schlieren über den Horizont wandert und man vor Aufregung über dieses Naturspiel vergißt, Atem zu holen. Der Winter in Roknäs. Schnee von Ende Oktober bis Mai. Bei zwanzig Grad minus draußen am Feuer auf Rentierfellen liegen. Kleine Töpfe mit Wachslichtern ums Haus, ihre Wärme läßt sie tief in den Schnee sinken: Lichthöhlen. Der Selbstmörder Mond wirft sich auf die weißen Flächen des Schnees.

Sie: Der Abstieg beginnt, ich sehe schon die Wasserfläche des Kieddaure. Unten angekommen, stehe ich auf der Brücke; ich habe die Mitte meiner Wanderung erreicht. Ich sehe in die Strömung, sehe das Wasser unter mir fließen, es ist mir, als riesele in meinem Gesicht die Zeit, als flösse sie durch meine Schläfen, der Fluß zieht mich mit langen Wasserarmen fort.

Er: Die Brücke über den Pållaurjåkkå; ich habe genau die Hälfte der Wegstrecke zurückgelegt. Das Gras am Ufer des Kieddaure ist sehr feucht. Ich bin wählerisch im Aussuchen des Platzes für mein Nachtlager. Meine Schuhe sind bald völlig durchnäßt. Alles ist grau. Melancholie überkommt mich. Ich baue das Zelt nahe am Ufer auf. Auf dem See sind Vögel, ab und an machen sie ein Geräusch, ansonsten ist kein Laut zu hören. Ich sammle Holz, das völlig naß ist, nach zehn Minuten brennt ein Feuer, aber mein Rindenvorrat ist aufgebraucht. Der Rauch zieht in Richtung See, so daß ich davor sitzen, auf den See schauen, dabei essen und trinken kann. Es regnet leicht. Jacke und Hose sind klamm. Ich friere. Der Regen wird stärker, Tropfen zischen im Feuer, es raucht immer mehr, bevor ich fertig bin mit dem Essen, löscht der Regen die Flammen, später auch die Glut.

Sie: Am Abend, mein Zelt ist aufgebaut, laufe ich zu einem Rengatter, das eine mit stechend grünem Gras bewachsene Fläche umschließt. Ich entsinne mich, wie ich Svea, den Finger auf der Landkarte, nach genau jenem Gatter fragte, an dem ich jetzt stehe. Svea, der jungen Samin, begegnete ich in Jokkmokk in der Verwaltung der Rentierzüchter. Sie trug einen Jeansrock, sprach perfekt englisch und war von Computern umgeben.
Sie neigte sich über die Karte, zuckte die Achseln, rief in den Flur, in dem ein Kommen und Gehen von Männern in Stiefeln und Arbeitskleidung war. Zwei Rentierzüchter kamen. Svea wies auf die Karte, die beiden beugten sich darüber. Ich sah auf Svea und dachte, daß sich die Gesamtzahl der Samen, des einzigen Urvolkes in Europa, heute auf etwa 70000 beläuft. Die Samen leben in den nördlichen Regionen Skandinaviens und auf der Kola-Halbinsel, in Rußland, Norwegen, Finnland und Schweden. Von den 17000 in Schweden ansässigen Samen sind zur Zeit noch ca. 3000 mit der Rentierzucht beschäftigt. In Schweden haben, anders als in Norwegen und Finnland, allein die Samen das Recht zur Rentierzucht, und nur solche, in deren Familien die Zucht-Tradition über zwei Generationen ungebrochen ist. Auf 35% der Fläche des Landes weiden Rens. Die Züchter sind verwaltungsmäßig und wirtschaftlich in Dörfern organisiert, die traditionell in einem geografisch begrenzten Gebiet ihre Weideflächen haben. Dreiundvierzig solcher Samendörfer gibt es in Schweden. Hier, wo Svea arbeitet, ist die Verwaltung von fünf dieser Dörfer, die der Uttja und Serri, die Waldrentierzucht betreiben, und drei – deshalb bin ich gekommen – , die sich im Padjelanta befinden, es sind die Samendörfer der Tuorpon, Jåkkåkaska und Sirkas, sie haben Gebirgsrentiere, die zwischen Waldland im Winter und Hochgebirge im Sommer wandern.
Es werde immer schwieriger, sagt Svea, heute müsse eine vierköpfige Familie 500 Tiere haben, um davon leben zu können. Linné berichtet 1732 von der großen *Renmacht* der Lappen, reiche hätten 1000 Tiere, vermögende 300 bis 700 und die ärmsten 100 bis 50 Tiere. Der jahrhundertelange Kampf der Samen um die Verbriefung ihrer Weiderechte. Das Lappmarksreglement von 1749, die Rentierweidegesetze von 1885 und 1898. Im 20. Jahrhundert der Skattefjällprozeß, der 1985 mit einem für die Samen niederschmetternden Urteil endete. Der Oberste Schwedische Gerichtshof gewährte den Ureinwohnern zwar ein ständiges Nutzungsrecht an den Weiden, aber wann und wo immer der schwedische Staat auf diesem Land der Samen ein Kraftwerk bauen, einen Fluß stauen oder einen Wald roden lassen will, kann er das tun. 1986 die Auswirkungen von Tschernobyl: radioaktives Cäsium 137 reicherte sich in Flechten und

Moosen, dem Winterfutter der Rens, an; 30000 Tiere mußten notgeschlachtet und vergraben oder an Nerze in Pelztierfarmen verfüttert werden. Neuerdings, sagt Svea, die Gerichtsverfahren der privaten Waldbesitzer gegen die Samen. Anders als der schwedische Staat und die Forstwirtschaft erkennen sie das Gewohnheitsrecht nicht an und machen den Züchtern ihre Winterweiden streitig. 50% der Waldfläche in Schweden liegt in privater Hand. Einer der Männer, die Svea herangewinkt hatte, wendet sich um, meint, ich könne das alles im Internet nachlesen, der andere lacht, Rentierzüchter, sagt er, sei eben nicht nur ein Beruf, sondern eine Lebensart. Land bedeute für sie Leben. Er weist auf die Karte, dieses Rengatter sei weder ein Markierungsgehege für Kälber noch ein Platz für die Scheidung der Tiere – wie ich vermutet hätte – oder gar ein Schlachtplatz, es sei eine alte Furt, der Fluß fließe hier breit, eine gute Möglichkeit des Übergangs, zweimal im Jahr würden die Tiere der Sirkas-Samen im Gatter gesammelt, im Sommer wanderten sie nach Norden, im Herbst nach Süden, das sei seit Jahrhunderten so. Von draußen ruft jemand die Männer. Ich hätte sie gern nach der Zahl ihrer Tiere gefragt, weiß aber, es ist ein Sakrileg, gilt als grobe Unhöflichkeit, es ist, als frage man einen Unbekannten nach seinem Kontostand. Svea bietet mir einen Kaffee an, erzählt, junge Züchter müßten oft lange warten, um ins Züchterregister eingetragen zu werden, ein alter Züchter müsse erst sterben, ehe ein neuer nachrücken könne. Sie holt ein Büchlein. Seit Generationen hat jede Samenfamilie ihre traditionellen Muster aus Zacken und Rechtecken, die den Rentieren in die Ohren eingeschnitten werden, daran erkennen die Eigentümer ihre Tiere. In dem Büchlein sind sie abgebildet, Name, Vorname, Adresse und das Samendorf, dem der Züchter angehört, stehen daneben. Ich blättere, auffällig viele Frauennamen. In ihrer Familie, erwidert Svea auf meine Frage, sei die Großmutter mütterlicherseits die letzte gewesen, die sich von Rentierzucht ernährt habe. Ich sehe auf Sveas gewölbten Leib. Ja, sie erwarte ein Kind, Anfang Februar, zur Zeit des traditionellen Wintermarktes in Jokkmokk solle es zur Welt kommen. Zum Wintermarkt werde ich in Jokkmokk sein, sage ich, und wir verabreden uns, Svea lädt mich zu sich nach Hause ein.

Als ich gehe, verrät sie mir Ort und Zeit, wo die Sirkas-Samen ihre Herden zusammentreiben, die Kälber markieren, die Schlachttiere aussondern und einen Teil der Tiere schlachten werden. Sie beschreibt mir den Weg, 110 Kilometer von hier, in Richtung Kvikkjokk, am Seitevare-Staudamm vorbei, man könne es nicht verfehlen, viele Samen seien da, Guobak heiße es auf samisch, schwedisch Kuorpak.

Er: Kuorpak Jahre später. Eine Vollmondnacht. Wir hatten lange am Feuer gesessen, am Morgen machten wir uns auf den beschriebenen Weg. Und als er an den Samenhütten des alten Dorfes Guobak endete, ließen wir das Auto stehen. Der Weg, von Spuren der kleinen Geländefahrzeuge der Samen zerfurcht, führte bergwärts über eine Ebene. Ein Septembertag. Es war kalt und klar. Auf der Anhöhe sahen wir die ersten Samen. Junge, Alte, Kinder. Ein buntes Bild. Viel Rot, Blau, Grün und Gelb, die traditionellen Farben der Samen. Anoraks in diesen Farben, moderne Synthetik-Kleidung, Westen, Fjällräven-Hosen, Gummistiefel, Baseball-Caps bei den Männern, Stirnbänder bei den Frauen und traditionell bei beiden Geschlechtern am Hosengurt das Messer. Die Samen standen oder saßen in Gruppen um ihre

Geländefahrzeuge oder ihre Motorräder. Bei manchen Gruppen brannte ein Kaffeefeuer. Überall lagen Rucksäcke auf der Erde. Die Gesichter der Männer waren verstaubt, wirkten wie patiniert. Ebenso ihre Kleidung, über dem Bunt ein aschiger, grauer Film, der Outdoor-dress ist ihre Arbeitskleidung. Die Stimmung war heiter, wie bei einem Volksfest. Die Familienangehörigen seien von weit angereist, erzählte uns eine junge Samin, sie sei aus Stockholm gekommen, einmal im Jahr träfe man sich. Ihr Bruder sei Rentierhirt. Eine ältere Samin hatte ein braunes Behältnis aus Rentierleder umgebunden, es war eine Wiege, wie sie früher die Samen auf ihren Nomadenzügen benutzt und beim Wandern auf den Rücken der Rens befestigt hatten, sie trug darin ihr Enkelkind. Auch zwei junge Frauen, die vom Berg herabkamen, trugen ihre Kleinkinder in solchen Wiegen. Überall begegnete man uns freundlich. Als wir oben anlangten, bot sich uns auf der weiten Hochebene ein unglaubliches Bild. Zehntausende Rentiere, das Braun ihrer Leiber, der Wald ihrer Geweihe, das Trommeln ihrer Hufe auf dem harten Boden, der Staub, den sie aufwirbelten, ein Staubschleier über der Hochebene, ein dumpfes Grunzen, Röhren, Hecheln kam stoßweise aus ihren geöffneten Mäulern, ihren Nüstern, ein tiefdunkles, rhythmisches Geräusch, das sich mit dem Trommeln ihrer Hufe verband. Zehntausende Tierleiber, archaische Laute, ein archaisches Bild. Wieviel Tage und Nächte mochte es gedauert haben, bis die Züchter ihre das ganze Jahr über frei lebenden Tiere aus entlegenen Tälern und vom fernen Kahlfjäll, vom gesamten, den Sirkas-Samen gehörenden Rentierweideland hierher nach Kuorpak getrieben hatten. Das Aufspüren der Tiere mit Helikoptern oder zu Fuß oder motorisiert, dann die Treibjagd aus der Luft und mit den kleinen Geländefahrzeugen. Die versprengten Tiere, die immer größer werdenden Herden, bis Zehntausende hier in Guobak sind. Die Tiere laufen direkt auf uns zu, Stirnen, Geweihe, Vorderhufe, wirbelnder Staub, eine braune Masse. Die Samen am Gatter öffnen ein neues Tor, unmittelbar vor uns biegen die Tiere scharf nach links, laufen auf das geöffnete Gatter zu, die Tore des Pferchs schließen sich hinter ihnen. Die Tiere im Pferch beginnen im Kreis zu laufen, gegen den Uhrzeigersinn, ein Mahlstrom von Tierleibern. Dazwischen mit ihren bunten Jacken, Schirmmützen und Wurfleinen die Samen. Viele Frauen darunter. Ein alter Same, der innen am Rand der Umzäunung auf der Erde hockt, winkt mich zu sich. Geh hinein, sagt er, los, und als ich zögere, nochmals, mit auffordernder Geste, los, mitten hinein. Und dann bin ich mittendrin. Tierleiber, Menschenleiber, Ausdünstungen. Die heraushängenden Zungen, zitternden Flanken der Rens. Erst aus der Nähe spüre ich die große Erregung der Tiere. Und die Angespanntheit der sich gelassen gebenden Samen. Ihre Blicke auf die Ohren der Tiere gerichtet, um ihren Besitz zu erkennen. Sie müssen gute Augen haben. Und dann, wenn sie ein Ren als ihres identifiziert haben, wandert, lässig, langsam, die Wurfleine von den Schultern in die Hände, sie schwingt, und bei der nächsten Runde fliegt das Lasso. Das gefangene Ren wird aus dem Kreis gezerrt. Es greift nicht an, es leistet aber hartnäckig Widerstand, stemmt sich mit den Hufen in den Boden, schlägt mit dem Kopf, mit dem gefährlich großen Geweih. Geschicklichkeit gepaart mit Kraft ist gefragt. Das Hervortun der jungen Männer. Die Kommentare der Alten. Das gegenseitige Beobachten, Begutachten. Die Zurufe. Anerkennung. Männlichkeitsrituale. Imponiergehabe. Das Kräftemessen zwischen Mensch und Tier. Dann wieder – der Mahlstrom der Tiere kreist weiter – Ruhepausen; die Samen stehen beieinander, Familien begrüßen sich, vielleicht redet man über die, die gestorben sind, klatscht ein wenig über Abwesende, ganz sicher spricht man über sein Kapital, die Anzahl der Tiere, die schon als die eigenen erkannt und in den Familienpferch getrieben worden sind, vielleicht über das Wetter, die klare Vollmondnacht, den kalten, klaren Tag. Und dann fliegt das Lasso wieder. Staub, Gerüche, Tiere, Männer, Frauen, die vielen Frauen. Die erotische Atmosphäre, die über allem liegt. Die jungen Saminnen mit den Messern im Gurt und den Wurfleinen über Brust und Schultern, ihre Blicke auf die Tiere, die Männer, auf mich. Ihre gerade Haltung, die ihnen etwas Stolzes gibt. Blickkontakte. Herausfordernd, selbstbewußt ihre Blicke. Taxieren sie mich? Mich, den Fremden, den Zuschauer. Die Kälbermarkierung sei schon vorbei, sagt eine schöne Samin mit breiten Backenknochen zu mir, jetzt gehe es um Herdenteilung und Aussonderung der Schlachttiere; ihre Nasenflügel vibrieren, sie verweist mich auf das Sammelgehege der zum Schlachten bestimmten Rens. Durch ein kleines Holztor werden die Tiere von zwei Samen hereingezerrt. Es sind durchweg große Tiere, männliche, die zur Zucht nicht mehr taugen, oder alte. Die Wurfleine wird entfernt. Aber der Moment der Freiheit ist kurz. Das Gehege endet unten am alten Dorf Guobak, an dem Platz, wo die Samen ihre Volvos mit den Hängern für ihre Geländefahrzeuge stehen haben, wo auch unser Auto geparkt ist. Da ist der Schlachtplatz. Einige der widerstrebenden Tiere werden wenige Meter weiter gezogen, dorthin, wo wir stehen, wo auch die Kinder sich tummeln und die Hunde sind. Jede Samenfamilie darf bei dieser jährlichen Zusammenkunft ein Rentier sofort töten, um es für ein Festmahl mit nach Hause zu nehmen. Und das geschieht hier. Am Zaun hängen die Innereien eines frisch ausgeweideten Rens, die Hunde kläffen, springen hoch. Wir stehen im Rentierblut, unmittelbar vor unseren Augen wird ein nächstes Tier getötet. Von zwei Männern wird es am Geweih zu Boden gedrückt, einer der Männer nimmt sein Messer, ein Moment absoluter Konzentration, dann, vom Vater oder Großvater gelernt, der Stich in den Nacken des Tieres. Ein einziger Stich nur. Kein Aufbäumen. Kein Laut. Ein lautloser Tod. Nach dem Todesstoß wird der Leib des Tieres sofort aufgeschlitzt, die Eingeweide werden entfernt. Der alte Brauch, daß man das Tier nach dem Töten minutenlang unberührt liegenläßt, damit seine Seele Zeit hat, in das Paradies der Samen zu gelangen, scheint vergessen. Die Kinder stehen herum, die Hunde sind angebunden, damit sie sich nicht auf das noch dampfende Gedärm stürzen, das ausgeweidete Ren wird an den Vorder- und Hinterhufen zusammengebunden und auf dem Geländefahrzeug festgezurrt. Die Wiederholung des Tötungsvorganges. Die Selbstverständlichkeit, mit der das geschieht. Als es Abend wird, verlassen wir die Hochebene, wandern hangabwärts; die archaischen Bilder von Mensch und Tier, Samen und Rens, von Kampf, Zusammenspiel, von Blut und Töten und die Laute, das Trommeln der Hufe und das tiefdunkle rhythmische Röhren werden für immer in uns sein.

Sie: Nachdem ich am Feuer mein Abendbrot gekocht und verzehrt und heißen Tee getrunken habe, verlasse ich das Feuer wie ein Haus, das mich beherbergt hat, laufe nochmals zum Rengatter. Stehe am Zaun. Zaun, Umzäunung, Gatter, Gitter, eingeschlossen hinter Gittern, gefangen sein. Schließ dich mir an, hatte der Mann gesagt. Ich schloß mich ihm an, das Schloß schnappte zu, ich saß in seinem Gefängnis. In seinem schönen Haus mit dem schützenden Strohdach. Dem Haus am See. Mit Garten, Wiesen, Koppeln, auf denen sein Araberpferd weidete. Viel Lebenszeit hatte er auf den Bau dieses Hauses verwandt. Mit eigenen Händen hatte er ein verfallenes Bauernhaus wieder so aufgebaut, wie es vor zweihundert Jahren gewesen war. Die fast mythische Bedeutung, die er diesem Haus gab. Endlich der Ort, den er, der Flüchtling aus Ostpreußen, gefunden hatte. Der Ort für seine Arbeit, sein Schreiben. Zwei Ehen waren gescheitert. Vier Töchter gab es. Dann trafen wir uns. Er war zweiundfünfzig, ich achtunddreißig. Es ist auch dein Haus, sagte er zu mir. Nimm es an, das Haus, es gehört auch dir. Aber das Haus blieb mir fremd, ich spürte von Anfang an, unter dem schützenden Strohdach war nur Raum für einen einzigen Menschen, für ihn. Die Faszination, die sein Haus stets auf Besucher ausübte. Es kamen viele, er war ein bekannter Schriftsteller. Hier schreibt es sich ja von selbst, in diesem Paradies, riefen die Besucher, setzten sich zu Tisch, blieben, manchmal tagelang, schritten morgens und abends lustvoll die Umzäunungen ab, von den Pferdekoppeln bis zum Hang am Friedhof hinauf, über die Wiesen zum See hinunter. Der Zaun. Ich stehe am Zaun. Die Rasenfläche geht von dunklem Grün in Schwarz über. Die Nacht senkt sich. Ich bin völlig angstfrei. Ich bin zu Hause. Der Lichtpunkt des Feuers, der mir den Weg zurückweist. Ich krieche in mein Zelt.
In der Nacht ein Traum. Ich kenne jedes Bild. Vor zehn und mehr Jahren haben mich diese Bilder Nacht für Nacht heimgesucht. Dann fielen sie in den Abgrund der Zeit. Jetzt kommen sie wieder. Warum? Ich wehre mich. Vergeblich. Die Bilder überscharf wie einst. Ich, immer in der gleichen Stellung, auf dem Fußboden, auf den Knien rutschend. Im Haus mit dem Strohdach. Neben mir ein Eimer mit Seifenlauge, ich scheuere die Fliesen von Diele und Tenne. Niemals habe ich das wirklich getan, eine Frau aus dem Dorf verrichtete diese Arbeit. Im Traum rinnt mir der Schweiß in kleinen Perlen

herab, ich arbeite hastig, genau, lasse keine Stelle aus, krieche vorwärts, tauche den Lappen in die scharfe Lauge, scheuere ein zweites Mal. Ich weiß, er wird kommen, mich prüfen. Ich höre seine Schritte, er kommt, nie allein, stets hat er Besucher bei sich, manchmal sind es seine vier Töchter, meist aber Männer, sein Verleger, der Akademiepräsident, mir unbekannte Leute, einmal stehen Erich Honecker und Helmut Schmidt neben ihm, sie kommen von ihrem Treffen in Güstrow, Schmidt erzählt von seinem Orgelspiel in der Stadtkirche. Auf den nassen Fliesen nähern sich Schritte, ich halte den Atem an, ich weiß, was geschehen wird, er beugt sich herab, seine schönen Hände sind in meiner Augenhöhe. Sein Finger fährt über den Fußboden, Kindchen, sagt er, hält mir den Finger vors Gesicht. Es ist Schmutz daran. Er richtet sich auf, sein Triumph, der Finger wird herumgezeigt, er kommentiert, holt die Zustimmung seiner Besucher ein, ich habe schlecht gearbeitet, bin bloßgestellt, gedemütigt. Ich tauche den Scheuerlappen hastig in die Lauge, krieche weiter, erhöhe das Tempo. Die Bodenfliesen, über die ich wische, sehe ich, sind die der Casa di Goethe, ich atme auf, es ist nur ein Traum, erhebe mich, renne enge Marmortreppen hinunter, öffne eine schwere Tür, aber es ist nicht die Via del Corso, ich bin wieder auf dem Grundstück. Laufe über eine stechend grüne Wiese, es ist Sommer, ist heiß. Den Hang hinunter sehe ich Leute quer über das Grundstück kommen. Ich weiß, das wird ihn beim Schreiben stören. Ich muß die Leute aufhalten, sie beschwören, den Weg nicht über das Grundstück, sondern durch das Dorf zu nehmen. Ich renne ihnen entgegen, aber ich, die im Haus nur flüstern darf, habe keine Stimme. Ich gestikuliere, sie verstehen meine Gesten nicht. Es werden immer mehr Menschen, Pferde und Wagen sind dazwischen. Es ist ein langer Zug von Umsiedlern aus dem Osten. Sie laufen auf das Haus zu, ich zittere, er wird gestört werden von dem Lärm, wird aus der Tür treten und mich anschreien, weil ich ihm keine Arbeitsruhe verschaffe. Aber auf einmal erblicke ich ihn inmitten des langes Zuges, müde, alt, mit herabhängenden Schultern, er reitet auf einem Pferd, es ist Sahib, grau, gealtert wie sein Reiter, von gleicher Müdigkeit. Er trägt ein Stirnband, auf dem steht die unendliche Geschichte seiner Verletzungen. Er hebt den Blick nicht, reitet – inmitten des Zuges – langsam an mir vorüber.

660
640
800
740

Fünfter Tag

Sie: Wieder schönstes Wetter. Am Morgen bummle ich, liege, Zelt und Vorzelt offen, auf dem Bauch, betrachte Gräser und Blumen. Das sich im leichten Wind bewegende Wollgras mit den bauchigen weißen Watteblüten und die zartblauen pergamentenen Glockenblumen.

Ich stelle mir den jungen Linné vor, mit seinen *Hosen recht artig aus Leder*, seiner *Zopfperücke*, seiner *Kapuze aus Basthanf;* sein akribisches Botanisieren. *Acht Pflanzen heute gefunden,* notiert er am 6. Juli 1732. Die *große Anzahl gehefteten Papiers, um Pflanzen darein zu legen*, die er mit sich führt. Polarull, Eriophorum scheuchzeri, Fjällklocka, Campanula uniflora hätte er notiert, die Pflanzen vielleicht gezeichnet und zwischen die gehefteten Blätter gelegt. Aus meiner erdnahen Perspektive wandere ich mit dem Fernglas über die Gräser. Ein Meer von grünen, feinen Schwertern,

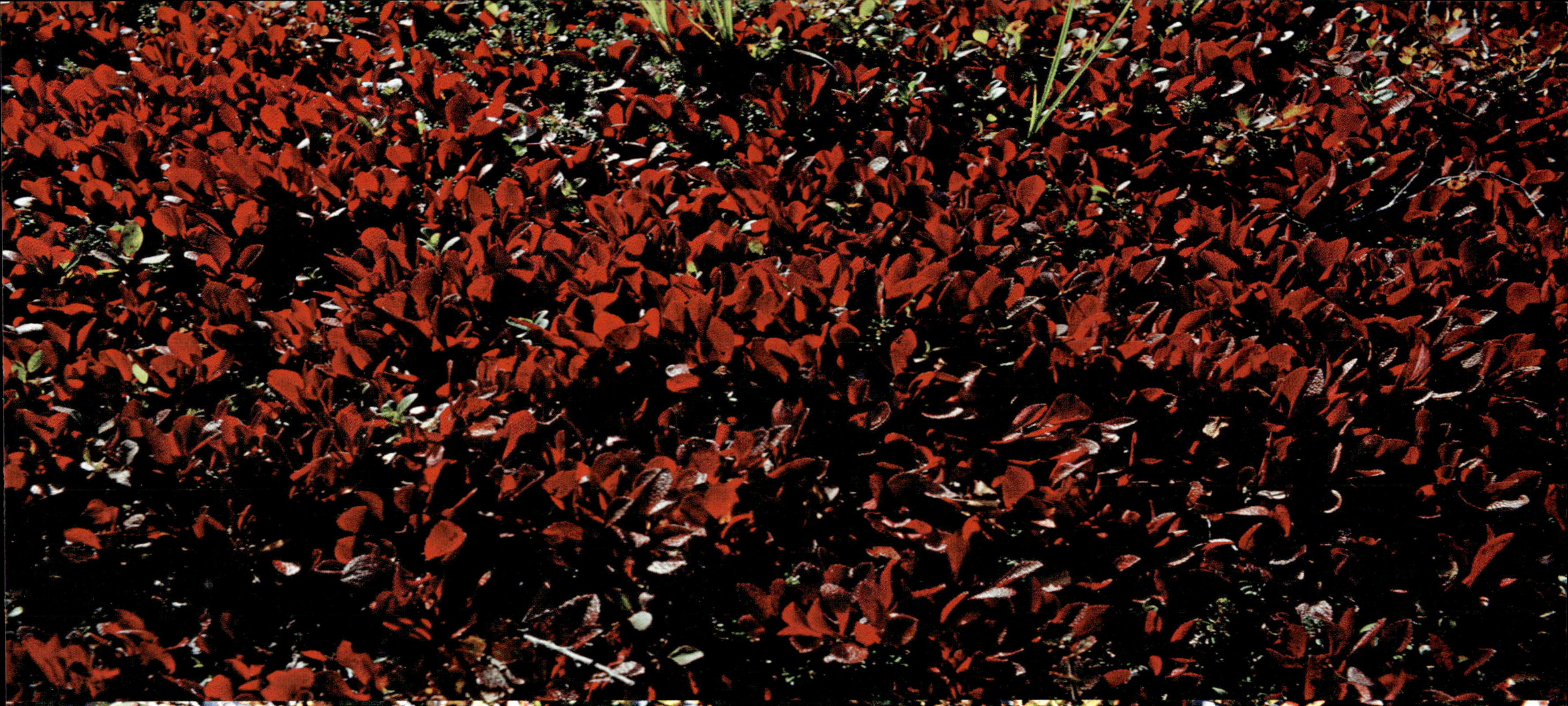

wo die Wiese sumpfig ist, an trockenen Stellen ein Gelbton der Grasspitzen. Der leichte Wind drückte Wellenlinien in die Grasfläche. Und über den Halmwogen kommt eine Rentierherde in mein Visier. Zwei riesige Renböcke mit ausladenden Geweihen, Kälber mit ihren Muttertieren, ihre prächtigen Geweihe; Rens sind die einzige Hirschart, bei der auch die Weibchen Geweihe tragen. Ich zähle achtzehn Tiere. Die beiden Böcke und ein Großteil der Rens stehen reglos, die Köpfe alle in meine Richtung gewendet. Beobachten sie mich? Habe ich vielleicht mein Zelt an ihrem Schlafplatz aufgeschlagen oder mache ich ihnen eine besonders gute Stelle zur Äsung streitig? Ich versuche mir die Menge von acht Kilogramm Futter vorzustellen, die ein ausgewachsenes Tier an einem Tag benötigt. Ich bekomme ein schlechtes Gewissen. Und mache mich auf den Weg.

Er: Ich erwache von einem lauten Schniefen. Öffne das Zelt, unter das Vorzelt schiebt sich eine Schnauze, versucht, an meinem Kochgeschirr zu lecken, ich mache auch das Vorzelt auf, ein kleiner Polarfuchs sitzt da, sieht mich neugierig an. Es ist noch sehr früh, aber einmal wach, will ich den Tag nutzen. Als ich aus dem Zelt krieche, springt der Fuchs fünf Meter weiter, beißt herausfordernd in einen Busch, bleibt dann, mich erwartungsvoll beobachtend, sitzen. Ich erinnere mich an den gestrigen Abend, wie ich mit Stiefeln und feuchten Sachen ins Zelt kroch und das Ausziehen in dem niedrigen Zelt, in dem ich nur hocken kann, zu einer anstrengenden Prozedur wurde. Die Stiefel wollten nicht von den Füßen, die feuchten Kleider nicht vom Leib. Alle Reißverschlüsse klemmten, ich schimpfte, fluchte im Dunklen, fand die Taschenlampe nicht, suchte, durchsuchte alles, fluchte stärker. Der schwarzgallige Melancholicus hatte mich vollends gepackt. Ich schimpfte laut. Meine Bewegungen wurden immer fahriger und unüberlegter. Plötzlich aber sah ich mich von außen, in der Weite und Leere der Landschaft, in dem winzigen Zelt, hörte mich fluchen, sah mich auf allen vieren; und ich nahm wahr, welche Slapsticknummer ich da abzog, und ich mußte über mich lachen. Endlich schaffte ich es, Hose und Jacke waren vom Leib, in Unterwäsche kroch ich zähneklappernd in den Schlafsack. Ich sehe, Morgenschnee liegt um das Zelt.

Er taut jedoch schnell, alles ist feucht, tropft. Als ich zum Abmarsch fertig bin, sind meine Schuhe bereits wieder durchnäßt. Der Fuchs verläßt seinen Beobachtungsposten, schlendert davon, mit der Geste eines Gelangweilten, so, als habe ich ihn enttäuscht. Die Tageswanderung beginnt. Ich laufe durch ein Gebiet, das von Landschaftsgestaltern, von Gartenarchitekten angelegt zu sein scheint. Eine heitere Ordnung in der Wildnis Lapplands. Bunte Hügel mit kräftigen Farbteppichen. Hingebreitet wie von überlegter Hand, fast abgezirkelt. Grüngelbe, braune und rote Flächen. Meine Stimmung ist heute nicht die beste. Der schwarzgallige Melancholicus ist noch immer zu Gast, ich kann nicht lachen, bekomme keine Distanz zu ihm. Im Gegenteil, ich beginne ihn fast zu mögen, empfinde Genuß an meiner Melancholie. Eine Art Weltschmerz ist in mir, ein Druck, während des Wanderns seufze ich ständig, als ob ich diesen Druck so loswerden könnte. Es ist kalt, es regnet, es ist, als ob die Landschaft mir mit Liebesentzug droht. Ich fühle mich verlassen. Dabei bin ich heute von einem Lebewesen, dem kleinen Polarfuchs, geweckt worden. Vielleicht kann ich die Einsamkeit, die ich zu lieben glaube, doch schwer ertragen. Wäre eine andere menschliche Stimme mir willkommen? Ich werde über Stunden nicht richtig froh, es geht mir nicht gut.

Er: Am Ufer des Virihaure kann ich schon das Samendorf Staloluokta erkennen. Als ich unten ankomme, ist kein Mensch zu sehen. Reglos liegt alles. Ich gehe zur Staloluokta-Hütte, eine große Bergstation mit Nottelefon und Hubschrauberlandeplatz. Im Sommer beginnen oder enden hier die Touristen ihre Wanderung, lassen sich ein- oder ausfliegen. Waschen ihre Wäsche, kaufen ein, füllen Proviant auf. In der Saison ist die Station vermutlich überfüllt. Ich öffne die Tür. Auf dem Tisch Werbeflyer schwedischer Lebensmittelketten, von Touristen oder den Stugawärtern zurückgelassene Zeitungen und Zeitschriften: »Spiegel«, »Focus«, »Svenska Dagblat«, »Piteå-Tidningen«. Kein Mensch. Offenbar bin ich wirklich der letzte Wanderer. Ich zünde das Gas an. Entledige mich meiner nassen Stiefel. Entscheide mich, damit die Schuhe einigermaßen trocknen, für eine längere Rast. Überprüfe meinen Vorrat an Tütensuppen, schütte ein Nasi goreng ins Wasser, warte auf das Aufquellen. Blättere in Zeitungen und Zeitschriften. Beim Anblick der nordländischen Delikatessen und Kochrezepte überfällt mich Heißhunger und ein leichtes Schwindelgefühl. Selbst Surströmming würde ich jetzt essen. Dieser Fisch, gesalzener und gegorener Hering, gelobt und verflucht, Abscheu und Genuß in einem. In Blechdosen lagert er in Kaufhallen, von der Gärgasentwicklung beult und wellt sich das Blech, man glaubt, jede Minute müsse es explodieren. Der Surströmming ist in Norrbotten nach den Mücken wohl der zweitbeste Gesprächsstoff. Wenn die Zeit der Surströmming-Feste naht, endlose Debatten, im Fernsehen, in den Zeitungen, Verkoster prüfen mit Kennermiene, wägen ab, preisen den Fisch.

Ich erinnere mich an meine erste Surströmming-Party. Mein Nachbar Lennart, der Holzfäller, hatte mich eingeladen. Ich machte mich partyfein, duschte sogar, man konnte nicht wissen, wie in Schweden die Partys endeten. Als ich zu Lennart kam, saß er in seiner Küche. Mit ihm am Tisch ein Mann mit Glatze und lustig darüber gelegten öligen Strähnen. Setz dich, forderte mich Lennart auf. Und der Mann schüttelte mir die Hand, Anders, sagte er, fragte mich dreimal, welchen Autotyp ich fahre und was ich, der Künstler, male. Er hatte einen Zeitungsartikel über mich in der »Piteå-Tidningen« gelesen. Er, sagte er, male Wände und Häuser an. Die beiden Männer hatten dem Selbstgebrannten und dem Surströmming schon kräftig zugesprochen. Anders hing eine Fischgräte am Kinn. In der Küche roch es würzig. Lennart goß mir Schnaps ein, stellte tunnbröd, Tomaten und geschnittene Zwiebeln hin, häufte heiße Kartoffeln auf meinen Teller. Da begriff ich, die Küche war der Ort der Party, und Anders und ich waren die Gäste. Ich konnte meine Enttäuschung kaum verhehlen. Sie seien bereits bei der zweiten Dose, sagte Lennart, langte nach einer dritten; er öffne sie im Spülbecken unter fließendem Wasser; damit der Geruch gebunden werde, erklärte er. Ein explosionsartiger Knall. Mir verschlug es den Atem. Widerlich faulig-käsiger Geruch. In der Küche stank es wie in einem unausgemisteten Raubtierkäfig. Ich hatte von den Gefahren des Surströmming-Genusses gehört, fürchtete eine Lebensmittelvergiftung. Aber sollte ich mich weigern? Ich probierte den Fisch und er schmeckte höllisch gut, und als eine Art Gegengift trank ich reichlich

Selbstgebrannten dazu. Ein neuer Gast betrat die Küche, Tommy, der Autohändler. Er grüßte mich wie einen alten Bekannten, »Piteå-Tidningen«, sagte er, nickte mir zu. Er setzte sich nicht zu uns an den Tisch, sondern, eine Schnapsflasche zwischen den Knien, in die Ecke an den Herd. Er war klein und dick, wirkte wie ein russisches Bäuerlein, das am Ofen hocken will. Anders, die Gräte noch immer am Kinn, war eingeschlafen. Lennart räumte, als ich mit dem Essen fertig war, ab. Holte ein Tuch, wischte penibel die Tischplatte, polierte sie. Sagte, es sähe besser aus, wenn man am Sonntagmorgen an einem sauberen Küchentisch aus dem Suff erwache. Die Geste, mit der er den Selbstgebrannten wieder auf den Tisch stellte, gab mir zu verstehen, jetzt erst beginne das eigentliche Trinkgelage.
Wir saßen uns gegenüber. Lennarts wuchtiger Körper, seine großen Hände, Holzfällerhände, Pranken. Sein Gesichtsausdruck. Stets war sein Mund halb offen und die Spitze der Zunge war zu sehen. Ein faszinierendes Tiergesicht. Seine tiefe Stimme. Ihr singender Tonfall, ihr stark vokalisiertes Hin- und Herschwingen. Er spricht Piteå-Slang, die Mundart der Gegend. Auch sein Englisch ist davon eingefärbt. Sein langsames, zögerndes Sprechen, die Bedächtigkeit, mit der er jedem Wort, jedem Satz Gewicht gibt. Lennart erklärte mir im Laufe des Abends seine Familienverhältnisse, seine Arbeit, seine Lebensphilosophie. Ich hatte von schwedischen Besäufnissen gehört, bei denen die Männer sich schließlich in die Arme fielen, ihrer Schwermut und Melancholie über Welt und Leben unter Tränen freien Lauf ließen, um dann umschlungen unter den Tisch zu fallen. So ein Mann war Lennart nicht. Einmal wies er auf seinen bei der Waldarbeit verlorenen Daumen der linken Hand, nannte die Versicherungssumme, hob die Hände, schüttelte sie, deutete auf jeden einzelnen Finger, mein Kapital, sagte er. Stand auf, nahm neue Holzscheite, öffnete das Feuerloch des Herdes, warf die Scheite hinein, sah mich an, wies auf die brennenden Scheite, das ist mein Leben, hier verbrennt es, sagte er mit pathetischer Geste. Setzte sich, goß nach. Die Zeitabstände zwischen seinen Sätzen wuchsen, die Pausen wurden länger. Skål, sagten wir ein ums andre Mal, Lennarts Bewegungen wurden immer träger. Schließlich schlief auch er ein. Ich grübelte seinen Sätzen nach, dieser Holzfäller hatte etwas von einem Bohemien. Tommy, der Autohändler, zeigte keine Neigung zu Gesprächen. Ich saß, wie der andere stumme Gast, und hörte auf den seltsamen Party-Sound: Die Küchenuhr tickte. Vom Gastgeber ging ein leises Schniefgeräusch aus. Anders verlangte lallend nach dem Telefonbuch und einem Taxi, das man bestellen müsse, um in die Stadt zu fahren. Er wiederholte wohl zwanzigmal die Sache mit Telefonbuch und Taxi. Ich entdeckte das Buch, und als das bestellte Auto kam, bestritt Anders wie ein bockiges Kind, daß er ein Taxi gewollt habe. Der Taxifahrer schien das gewohnt zu sein, er verzog keine Miene, fuhr die sechzehn Kilometer wieder in die Stadt zurück. Und ich, um nicht mit den Stockbetrunkenen am anderen Morgen am Küchentisch zu erwachen, machte mich auf den Heimweg. An der Luft merkte ich, wie betrunken auch ich war. Der Mond schien. Ich schwankte die Birkenallee entlang, der Mond, der über mir stand, war am Abnehmen.

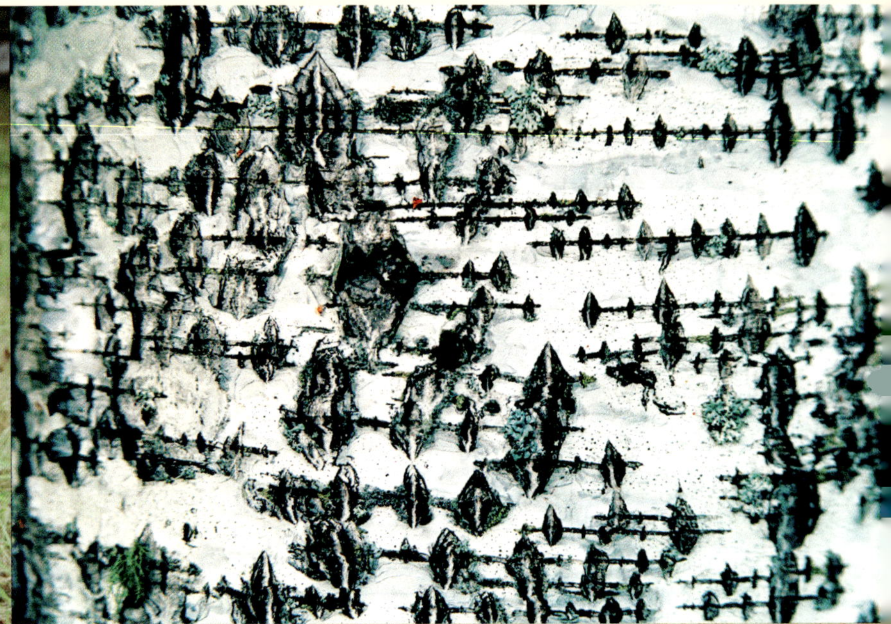

Er: Nach dem Essen sitze ich, lasse die Beine baumeln, blicke aus dem Hüttenfenster. Die Landschaft ein Fotoausschnitt. Ich denke an Hörnell, den Fotografen. Sein Bildspiel, das ich in Riksgränsen sah. Viele Touristen. Japaner, Österreicher, Dänen. Panoramabilder, Flugaufnahmen. Durch einen von Computern gesteuerten Bildablauf wurde dem Zuschauer ein Naturerlebnis geliefert. Nach eineinhalb Stunden ging die Jalousie hoch, Licht fiel ein; in der breiten Fensterfront, von genau der gleichen Größe wie die Projektionsleinwand, war das eben Gezeigte in natura zu sehen, verführerisch lagerte da eine Wahnsinnslandschaft. Aber niemand schien das wahrzunehmen. Wozu hatten dann die Reisenden Tausende von Kilometern in der Luft, auf Straße oder Schiene zurückgelegt? Absurd. Die virtuelle Landschaft, die mit Hilfe der Zelluloidstreifen über die Leinwand zog, war zur Wirklichkeit geworden.

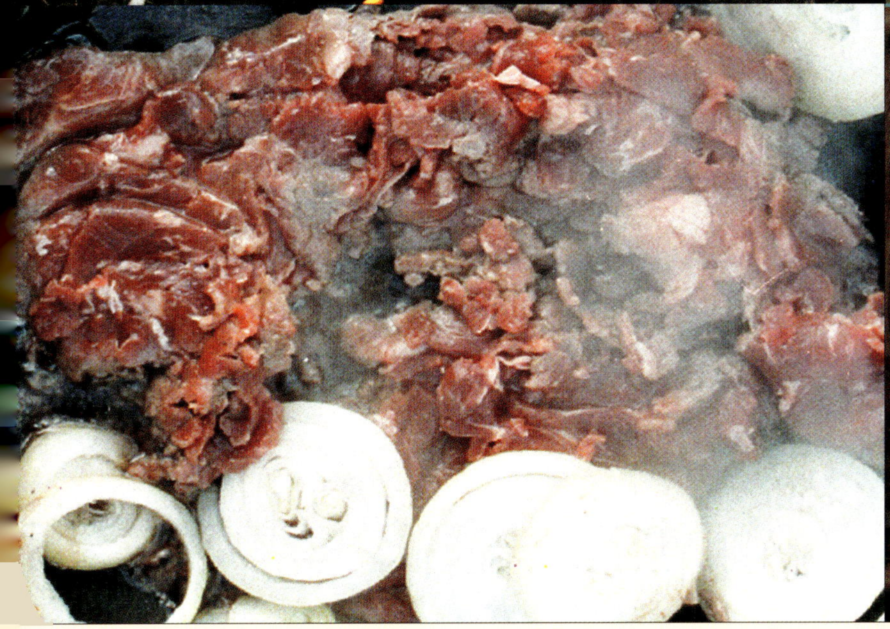

Sie: Ich fahre mit der Ofotenbahn von Narvik nach Kiruna, steige in Riksgränsen aus. Meine Neugier. Was hat Sven Hörnell in den hohen Norden getrieben? Sein Satz: *Paradoxerweise war es der Krieg, der zu meinem Glück beitrug.* Ein Satz, dem ich nachgehen muß. Es ist Anfang Juni. Der Schnee liegt hoch. Der See ist zugefroren. Ich habe Einsamkeit erwartet, aber in Riksgränsen herrscht überall Geschäftigkeit. Die schwedischen Snowboardmeisterschaften finden statt. Das Hotel ist voller junger Leute. Aber auch Nadelstreifenanzüge sehe ich. Und Japaner in der Halle, bekleidet mit dünnen Gabardinejacken und Halbschuhen, neben sich ihre Schrankkoffer. Hörnells Haus liegt am Hang unterhalb der Eisenbahnlinie. Das *Bildspel* läuft erst morgen. Aber die Fotoausstellung kann ich sehen. Ich suche nach Dokumenten, die über Hörnells Leben Auskunft geben. 1919 wurde Hörnell im Angermannland, in Jäved geboren, ist dort aufgewachsen, hat eine Lehre als

Bäcker gemacht, hat sich mit neunzehn freiwillig zum Militär gemeldet. In Boden in Norrbotten wird er ausgebildet. 1940 wird Norwegen von Nazideutschland besetzt. Schweden bleibt neutral. Die schwedischen Soldaten werden an die Grenze gebracht. Hörnell kann von Riksgränsen die Feuerzeichen und den Geschützdonner des Kampfes um Narvik sehen und hören. Er geht heimlich über die Grenze, fotografiert. Ein Jahr später wird er zu den Gebirgsjägern nach Kiruna versetzt. Dort trifft er den Samen Andreas Labba. Mit ihm wandert Hörnell im Sommer 1941 drei Wochen durch die Berge Lapplands. Dies, schreibt Hörnell, sei der *Wendepunkt* seines *Lebens* gewesen. Die Landschaft habe ihn *hingerissen*. 1943 kauft er sich ein kleines Haus in Riksgränsen. Da ist er vierundzwanzig. Entscheidet sich für den Beruf eines Fotografen. Mit seiner Kamera begleitet er fünfzehn Jahre lang die Exkursionen der Gebirgsjägerschule. Als er zweiundvierzig ist, sind seine Knie kaputt. Er lernt fliegen, fotografiert fortan vom Flugzeug aus. Seine Fotobücher, Bildbände. 1992 ist Hörnell gestorben. Fünfzig Jahre hat er an diesem Ort gearbeitet. Die langen Winter. Schnee von September bis Juni. Vom *Mysterium der Dunkelheit* schreibt Hörnell. Was ist es, dieses Mysterium? Das Zurückgeworfensein auf sich selbst als Chance zur Konzentration? Ich stelle mir vor: die Ofotenbahn als Perpendikel am steilen Hang über seinem Haus. Die Erzzüge von Kirunavara zum Ofotenfjord, zum Hafen in Narvik. Die rollenden Kipploren, dumpf schlagend auf den Schienen, wenn sie vollbeladen von Kirunavara kommen, der hellere Klang, wenn sie leer von Narvik zurückfahren. Die Zeit in Stücke geteilt. Finsternis. Und die kurzen heftigen Sommer mit dem gleißenden Licht Tag und Nacht. Sechsundvierzig Tage und Nächte lang, vom 31. Mai bis zum 15. Juli steht die Sonne in Riksgränsen über dem Horizont. Sven Hörnells Familie, lese ich, führt das Haus als Museum weiter. Ein junger Mann geht durch die Räume. Ich spreche ihn an. Er sei der Schwiegersohn, er stellt sich vor: Arne Eriksson, er sei auch Fotograf. Ich beschreibe zwei Fotos von ihm, die ich kenne. Er freut sich. Ja, es sei schwierig, in der Nachfolge Hörnells zu arbeiten, der Erwartungsdruck sei groß. Wir reden über den Alltag, der Sommer komme, sagt er, heute könne man schon im Freien sitzen, ich blicke auf Schnee und den zugefrorenen See, er würde Tische und Bänke auf die Terrasse räumen. Nach einer Zeit wage ich die Frage, wie Sven Hörnell gestorben sei. Wie er gelebt habe, antwortet er. Er sei nicht krank, sei voller Pläne gewesen, habe gerade ein neues Projekt begonnen. Es war, sagt er, an einem Oktobertag, er machte einen Spaziergang, unweit des Hauses sei es geschehen. Eine Pause entsteht. Er war dreiundsiebzig, sage ich dann und würde gern fragen, wo sein Grab ist, aber irgend etwas hält mich davon ab.

Am Abend gehe ich zeitig in den Speisesaal, bevor der Andrang der von den Pisten zurückkommenden Ski- und Snowboardfahrer einsetzt. Von meinem Platz aus blicke ich auf den See, auf dem Hörnell mit seinem Flugzeug wasserte. Oft mit Tagen Verspätung, weil die Wetterverhältnisse ihn zwangen, auf einem anderen See notzulanden. Der Ober steht, die Hände auf dem Rücken, in der Nähe. Er hat Zeit. Ob ich ihn etwas fragen dürfe. Er kommt an meinen Tisch. Ich erkundige mich nach Sven Hörnell. Selbstverständlich habe er ihn gekannt, er wird lebhaft. Er sei oft hier gewesen. Das Hotel, alle in diesem kleinen Ort – auch er – hätten ihm viel zu verdanken, sein *Bildspel* sei der Touristenmagnet, das habe vielen Arbeitsplätze verschafft. Was für ein Mensch er war? Besessen von seiner Arbeit sei er gewesen, habe gern gefeiert. Den Frauen sei er zugetan gewesen. Ein Kavalier. Er lacht. Hörnell habe das Tanzen geliebt. Er macht eine ausholende

Armbewegung. Ja, hier; nur heute, wegen der Meisterschaften, seien so viele Tische aufgestellt. Ich blicke auf die Tanzfläche, ich hätte gern mit Sven Hörnell hier eine Runde gedreht. Wieder ist die Frage nach dem Grab von Hörnell in mir, wieder stelle ich sie nicht.

Als ich später durch die Halle gehe, sehe ich, die Japaner werden für eine Schneeskooterfahrt in Filzstiefel, Skioveralls und Pelzmützen gesteckt. Die Kameras klicken. Ich laufe zum See. Es ist Mitternacht. Die Sonne ist am Horizont. Ich könnte ein Sonnenbad nehmen. Verschiebe es auf den nächsten Morgen. Stehe in der Frühe an die rote Hauswand gelehnt. Es weht ein kräftiger Wind. Zwei Männer sind beschäftigt, an den Fahnenstangen die schwedische Fahne aufzuziehen. Ein sympathisch aussehender Mann trägt Computer und technisches Gerät zu seinem Auto. Er spricht mich an, ich wolle sicher wissen, warum die Fahne gehißt werde, es sei ein schwedischer Nationalfeiertag, er erklärt ihn mir; in Norwegen gebe es einen ähnlichen Feiertag. Als er das nächste Mal nach draußen kommt, trägt er kein technisches Gerät, sondern ein Tablett mit Teetassen und zwei Kuchenstücken. Er lädt mich ein. Er habe hier einen Lehrgang für Computerspezialisten geleitet, sechzig Mann, drei Tage lang. Er sei Norweger, komme aus Barnu. Warum dann hier der Lehrgang, frage ich. Er liebe den Ort. Er habe, gleich hinter der Grenze, in Bjørnfjell, ein Haus. Wann immer es seine Zeit erlaube, komme er mit Frau und Kindern hierher. In mir tauchen Fotos von deutschen Soldaten auf, die sich 1940 in Bjørnfell fotografieren ließen. Ob er Sven Hörnell gekannt habe, frage ich ihn. Ja, natürlich, er sei mit ihm befreundet gewesen. Bis zuletzt. Ein großer Mann. Warum? Weil er der Idee seiner Jugend gefolgt sei, sie wahr gemacht habe, nicht von seinem Weg abgewichen sei, fünfzig Jahre lang. Wer schaffe das schon, wer könne das schon. Er weist in das Autoinnere. Die Computer, das sei nur Geldverdienen. Er beneide Sven Hörnell um dieses Leben, beneide ihn auch um diesen Tod, um die Art seines Begräbnisses. Endlich kann ich fragen. Nein, er habe kein Grab im herkömmlichen Sinne. Seine Asche sei dort, wo er gelebt hat, in den Bergen. Seine letzte Frau – so hat er es gewollt – sei mit der Urne in die Berge gewandert, weit hinauf, habe die Asche dort verstreut.

Was mich hierhergetrieben habe, will er wissen. Ich erzähle von Roknäs. Wir seien, sagt er, eingeladen nach Bjørnfell, wann immer wir wollten, wir könnten in seinem Haus übernachten, jederzeit. Er stellt sich vor: Trodd Bertheosseu. Schreibt Adresse, Telefonnummer und E-mail Anschrift auf einen Zettel. Als wir uns verabschieden, umarmt er mich, im Wegfahren ruft er: Wir sehen uns wieder, ganz gewiß.

Dann das *Bildspel*. Touristenbusse. Die Japaner haben wieder ihre Halbschuhe und die leichten Jacken an, die Kameras baumeln arbeitslos vor den Bäuchen. Der verdunkelte Raum. Die Projektoren rasseln. Für mich geht alles viel zu schnell, ein Bild frißt das andere, löscht es in meinem Kopf. Dann Helligkeit. Gedränge am Video- und Postkartenstand, zuschlagende Bustüren. Das nächste Erlebniscenter wird angesteuert. Auf dem Weg dorthin haben die Touristen Zeit zu schlafen. Dann wird eine weitere virtuelle Aufbereitung der Wirklichkeit sie munter machen. Später verabschiede ich mich von Arne Eriksson. Laufe zur Bahnstation hinauf. Die erste Station nach Riksgränsen ist Katterjåkk. Wenige Häuser, eines, sehe ich, ist nur über einen schmalen Brückensteg zu erreichen, das Schmelzwasser aus den Bergen hat ihn überflutet. In diesem Haus wohnt vielleicht Hörnells letzte Frau, allein mit ihren Erinnerungen an ihn.

Er: Ich schließe die Hüttentür hinter mir. Wandere durch das Samendorf. Steige bergauf. Auf meiner topographischen Karte sehe ich, rechts von mir muß der Unna Titer und das Titervagge liegen, dann muß der Stuor Titer, 1036 Meter hoch, kommen. Links liegt das Titernjarka mit dem Titerjaure. Fast alle Namen und Geländebezeichnungen in Lappland sind samischen Ursprungs, hier in diesem Teil Lapplands sind sie lulusamischen Ursprungs. Jaure heißt See, luokta Bucht, vagge ist das U-förmige Tal oder der Talgang, luoppal der kleine See, durch den ein Fluß läuft, njarka die Halbinsel, tjåkkå der Berggipfel, jåkkå der Bach. Stour heißt groß, unna klein, kårskå ist das enge Tal, die Klamm, kaise das spitze, steile Gebirge. Da die alten samischen Wörter sehr genau das Gelände beschreiben, ist es gut, eine kleine Legende dieser Wörter im Kopf zu haben.

Je höher ich steige, desto weiter breitet sich die Wasserfläche des Virihaure vor mir aus. Das Milchweißgrün verändert sich, je mehr ich an Höhe gewinne. Die Farbe wird immer stärker von einem Blau untermischt, das satter, kompakter wird, bis schließlich eine tiefblaue Fläche unter mir liegt. Ich laufe, laufe; in meinem Kopf ist Musik, Aphex Twin, seine Maschinenrhythmen, dann die Stelle in »Analogue Bubblebath«, wo sich für mich in diesen kalten Strukturen stets ein Gefühlsraum von extremer Weite öffnet; in der Landschaft hier das gleiche Gefühl, ein Wohlgefühl, Weite, die Klangfläche der Landschaft. Während meine Füße vorwärts gehen, laufen die Gedanken die fünf Tage des gewanderten Weges zurück.

Das Padjelanta, Kahlfjäll, Wasserflächen, ich vergegenwärtige mir alles. Farbkompositionen, Formen, Strukturen der durchwanderten Landschaft; ihre Geometrie, am Tag die Horizontale, die Linien der Wege, die Linien der Berge, der Körper in der Bewegung, in der Nacht das Zur-Ruhe-Kommen, der Kreis, Sitzen am Feuer, Umschlossensein. Alles ist in mir. Auch die Stille, die Stimmen des Windes, die kurzatmigen, hastigen der Eile, und, wenn er sich behäbig in den weiten Tälern bewegt, seine breiten Klangflächen. Das Aufschlagen der unsichtbaren Regentropfen auf den Blättern, die Stecknadelmusik auf der Zeltplane, die Geräusche flatternder Vögel, ihre Schreie, die Laute äsender Rentiere, das Knacken ihrer Hufe. In mir ist der Himmel mit seinen barocken Wolkenkörpern. Ich bin übervoll von allem. Die Batterie meines Körpers ist mit Energie geladen. Wie im Fieber werde ich von einem Glücksgefühl geschüttelt. Am Stuor Titer sind Felsformationen, die wie fließender Stein wirken, der sich zum Virihaure hinab ergießen wollte und auf dem Weg dorthin erstarrt ist. Um den Berg gibt es Tausende ideale Rastplätze, und auch mein Blick zum kleinen Wasserauge des Titerjaure und zur Halbinsel Titernjarka hinab sagt mir, hier wäre die ideale Stätte, um alle dreißig Meter ein Häuschen zu bauen, so einladend und lieblich ist die Landschaft. Welch Glück für die Natur hier, daß sie im Winter so rauh ist, sich ab Oktober zu einer finsteren, gnadenlosen, von Schneesturm gepeitschten Landschaft verändert; nur deshalb bleibt sie von Bungalows, Datschen, Häusern, von Feriendörfern verschont.

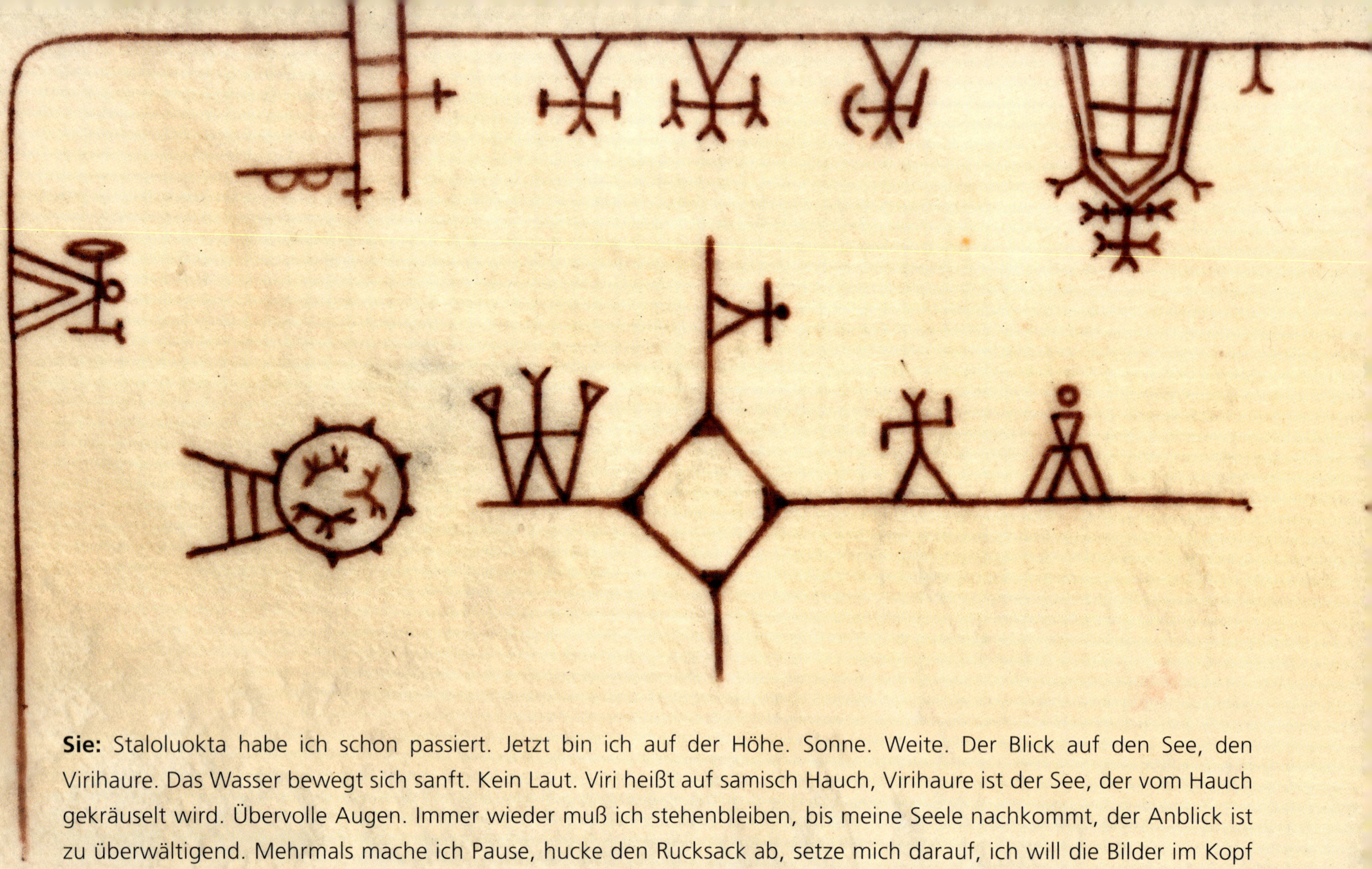

Sie: Staloluokta habe ich schon passiert. Jetzt bin ich auf der Höhe. Sonne. Weite. Der Blick auf den See, den Virihaure. Das Wasser bewegt sich sanft. Kein Laut. Viri heißt auf samisch Hauch, Virihaure ist der See, der vom Hauch gekräuselt wird. Übervolle Augen. Immer wieder muß ich stehenbleiben, bis meine Seele nachkommt, der Anblick ist zu überwältigend. Mehrmals mache ich Pause, hucke den Rucksack ab, setze mich darauf, ich will die Bilder im Kopf behalten, für immer. Wasserbläue, Uferlinien, Berge, Himmelsbläue. Die phantastische Gliederung der Elemente, die die Natur geschaffen hat. Stein, Wasser, Luft, die augenbeglückenden Übergänge. Und über allem liegt Schweigen. Kein Wind. Kein Vogelflug. Das Wasser tonlos. Die Droge des Schweigens. Wie in Trance sitze ich, sauge die Droge ein. Das Zeitgefühl ist verloren.

Aber der Stand der Sonne mahnt mich. Ich muß weiter. Als ich den Abstieg beginne, wird mir bewußt, ich habe den ganzen Tag nicht an Essen gedacht. Der Abstieg ist schwierig. Felsbrocken, über die man klettern muß. Glitschige Erde. Sumpflöcher, die Bretterbohlen darüber sind teilweise verfault, gebrochen, ich rutsche aus, kann mich gerade noch fangen, knicke um, mehrmals, versuche wieder Trittsicherheit zu finden, merke, wie erschöpft ich bin. Panik überfällt mich. Die Vorstellung: Ich stürze, verstauche mir den Fuß, breche mir ein Bein, niemand ist da, ich bin hilflos. Die Angst vor der eigenen Courage, hier allein zu wandern, packt mich. Schnee wird fallen, es ist September, aber der Winter kann früher kommen, morgen, heute, ich kann nicht weiter, bleibe im Schnee stecken. Angst umklammert mich. Rücken und Knöchel schmerzen. Ich friere. Die Sonne steht jetzt tief. Mein Schatten läuft mir voraus. Bald wird alles Schatten sein.

Unten sehe ich das Samendorf Arasluokta liegen, aber noch Stunden scheinen zu vergehen, ehe ich Arasluokta erreiche. Ich laufe durchs Dorf. Koten aus Torf, kleine Holzhütten. Meine Augen wandern von Schornstein, das heißt von Ofenrohr zu Ofenrohr. Aus keinem einzigen steigt Rauch. Tot alles. Verlassen. Ich sammle Holz. Das Ergebnis ist lächerlich, aber es ist alles, was ich im und um das Samendorf gefunden habe. Das Feuer will nicht brennen. Ich hocke frierend davor, es glimmt nur, lodert kurz auf, geht wieder aus. Jetzt in einem Samenzelt sein, gastfreundlich aufgenommen. So wie es Linné erlebt hat: *Man liegt auf beiden Seiten des Feuers, die Leute liegen ganz nackend, nur mit einem Renfell bedeckt. Es schämen sich auch nicht Mann noch Frau, nackend aufzustehen und sich anzukleiden.*

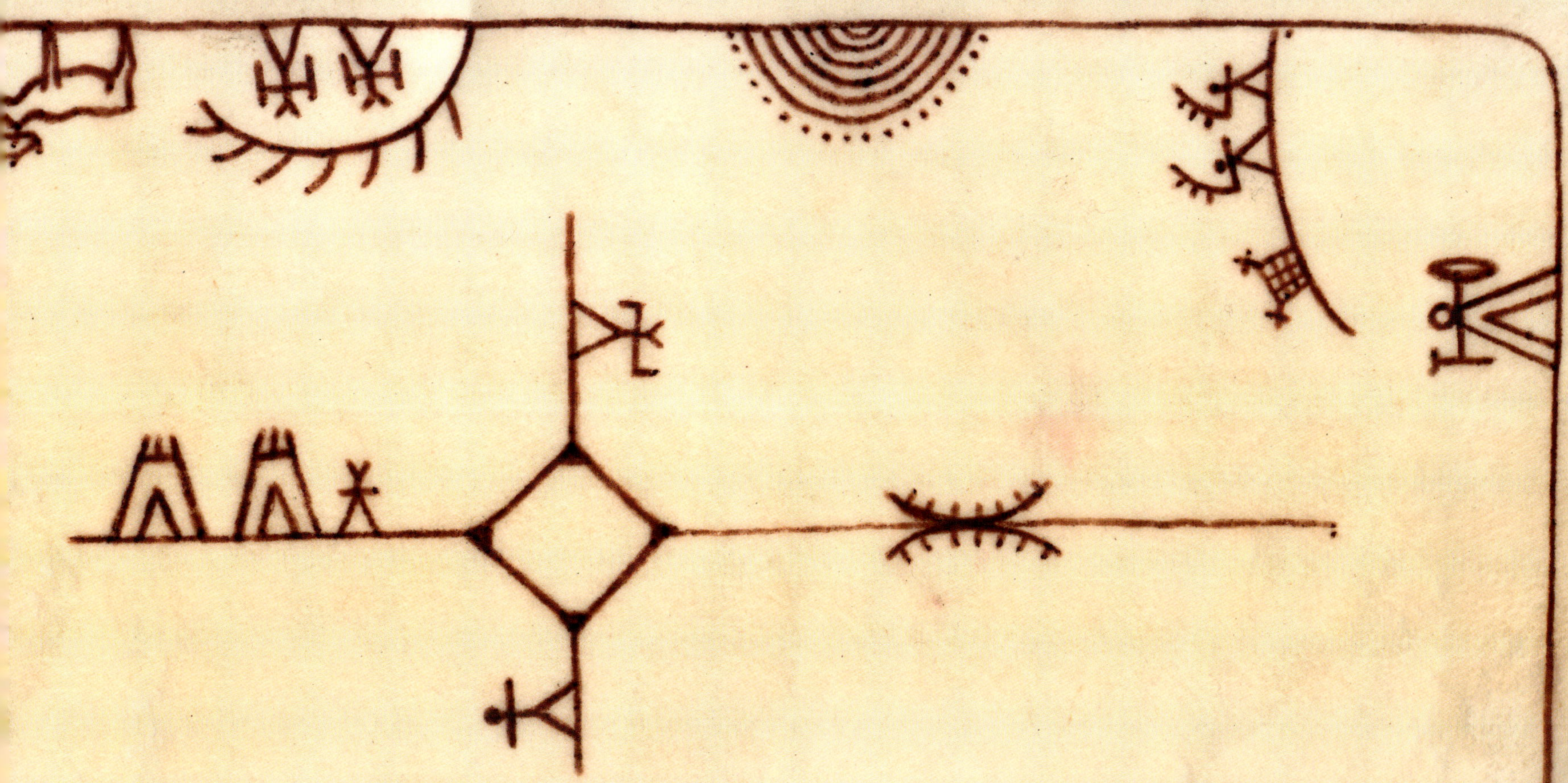

Ich denke an einen Dokumentarfilm von 1940, die Samen lebten noch als Nomaden, endlose Züge im Winter mit ihren Tieren durch tiefen Schnee. Bei einer Rast waren in Minutenschnelle Zeltstangen aufgestellt, Planen darübergeschlagen, die an den Rens befestigten verrußten Töpfe und Kessel gelöst. Die Frauen verschwanden damit im Zelt, als erstes das Feuer, schon stieg Rauch oben aus der Öffnung der Koten. Dampfende Kessel vor meinen Augen. Ich merke, wie hungrig ich bin. Rieche den Duft frisch geräucherten Rentierfleischs, rieche in Birkenblätter gehüllten und am offenen Feuer gebratenen Lachs. Ich höre Stimmen, weiter entfernt, ganz nah. Bin freudig erregt. Es sind also doch noch Menschen hier. Samen, die noch im See fischen oder letzte Wanderer, Touristen. Ich lausche in die Dunkelheit. Schritte. Knacken. Stimmen. Ganz nah, weiter entfernt. Ich springe auf. Niemand ist da. Wenn es Touristen wären, würde ein Petroleumlicht in einer der Hütten brennen. Habe ich nicht gestern noch mit dem Fernglas Wanderer ziehen sehen? Mir kommen die Wanderer in den Sinn, denen ich begegnet bin, mit denen ich gesprochen habe, der Insektenforscher aus Stockholm, von dem ein strenger Geruch ausging, die zwei Samen, die auf Schneehuhnjagd waren, und der bärtige alte Norweger, der mit seinem bleichgesichtigen Sohn von einer Gletscherwanderung zurückkam.
Ich lausche. Nichts. Niemand. Stille. Und dann ganz nah Lachen, Stimmen, weibliche. Ist es Svea oder ihre Großmutter? Und schon fühle ich mich umringt, junge und alte Saminnen. Sie amüsieren sich über mein lächerliches Feuer, unter ihren Händen lodert es auf. Neugier. Sie befühlen meine Schlafmatte, ihre ist aus Bürstenmoos, ein Stück aus der Erde geschnitten. Sie wollen mein Messer sehen. Wir tauschen die Messer. Sie öffnen ihre Beutel; Löffel, Pfeife, lederner Fingerhut, Nadelbüchse, Messingringe darin. Die Fäden aus den Sehnen der Rens, die sie in einzelne Fasern reißen, mit dem Mund anfeuchten und zusammendrehen. Ihre schönen Gürtel mit Zinn beschlagen oder Silberperlen bestickt. Die sie nach Männerart tragen. Während der Schwangerschaft hätten sie sie bis über den Nabel hochgezogen. Unter der Geburt hätten sie Branntwein mit Pfeffer getrunken, als Narkotikum und um die Wehen zu beschleunigen. Die Lederwiegen? Ohne den kleinsten Leinenfaden am Körper hätten die Kinder darin gelegen, Renfell um sie, am Kopf ein Lederschirm, ein Tuchvorhang mit Schnüren zum Zusammenbinden. Das Feuer brennt ruhig. Es ist warm. Erzählen, Schwatzen. Die Saminnen rauchen starken Tabak. Eine reicht mir ihre Pfeife. Ich fülle meinen Whisky in die ledernen Fingerhüte, sie wandern im Kreis.

r: Ich sehe spielzeugklein menschliche Behausungen liegen, es muß das Samendorf Arasluokta sein. Ein langer bstieg. Unten als erstes die Wanderhütten. Ich werde mir heute den Luxus gönnen, in einer Hütte zu schlafen. Die chöne Lage von Arasluokta am Seeufer in der schützenden Bucht, die ansteigenden Berge zu beiden Seiten. Über den ehausungen liegt Abendsonne, alles ist in ein starkes warmes Licht von gelben und braunen Herbsttönen getaucht. h laufe ins Dorf, kein Mensch ist zu sehen. Ein Marktplatz. Ein kleiner holzüberdachter Glockenturm. Daneben die irche, die Kyrkkåta. Und eine runde Hütte, wohl das Gemeindezentrum. Die Tür ist angelehnt, ich trete ein. In der litte die Feuerstelle, der Raum ist, damit der Rauch abziehen kann, oben offen, auf dem Boden eine dicke Reisig-chicht, die Sitzgelegenheiten. Mir scheint, als hätten die Samen sich gerade erhoben. An der Feuerstelle draußen schenreste. Ein Bohlenweg aus Holz führt durch das Dorf, von ihm gehen schmale Trampelpfade zu den Hütten.

Häuschen aus Holz und immer wieder die mit Gras und Moos überwucherten runden Erdbehausungen; sie haben etwas Freundliches, wie Köpfe von Erdgeistern ragen sie aus dem Boden, die Fenster wirken wie das lustige Blinzeln von einäugigen Riesen. An vielen der Hütten lehnen meterhohe Stangen. Um die Kåtas liegen ausgebleichte Knochen, Reste von Fischnetzen, alte Ölflaschen, zerfetzte Folien, Kanister. Und überall hölzerne Gestelle aus krummen, knorrigen Ästen mit breiten Lagerflächen. Ich habe sie schon oft in Samendörfern gesehen. Immer assoziieren sie mir etwas Rituelles; wie Bahren sehen sie aus. Wozu sind sie da? Vielleicht, um Rentierfelle oder Kleidung in die Sonne zu legen, um Holz zu trocknen; der Boden ist feucht hier. Am Seeufer mit Teerpappe bedeckte Hütten, Geräteschuppen, an Land gezogene umgekippte Boote. Ich laufe zurück, sehe neugierig und zugleich mit Unbehagen über meine Neugier durch die Fenster ins Innere von Hütten und Kåtas. Kleine gußeiserne Öfen, einfache Küchenmöbel, Waschbecken und

Spiegelschränkchen, alte Gerätschaften, Bierdosen. Über Stangen hängen Rentierfelle, ich zähle die Felle, schließe daraus auf die Größe der Familie. Arasluokta ist ein Dorf der Jåkkåkaska-Samen. Wie mag das Leben hier aussehen, wenn sie von ihren festen Wohnsitzen im Tal in ihre Sommerquartiere kommen, mit der ganzen Familie über Monate hier leben?

Die Abendsonne verliert langsam ihre Wärme. Sie ist am Untergehen. Ich beeile mich, steige bergwärts. Der Blick von oben. Dunkle Wolken sind am Himmel. Das Licht fällt scharf und schräg auf ihre Ränder, wirft sich übers Land. Eine völlig andere Stimmung. Das Farbspektrum scheint verschoben, die Farben sind wie ausgetauscht. Surreal alles. Eine Traumwelt. Was Grün war, erglüht in Rot. Ich erlebe diese Farbverfälschung wie einen Sinnenrausch.

Später mache ich auf dem Marktplatz ein Feuer. Die Friedlichkeit des Dorfes, das einfache Leben, die paradiesische Ruhe. Hier möchte man bleiben. Die Dunkelheit senkt sich herab. Während das Land schon in Schwarz getaucht ist, leuchtet am Himmel noch ein lichtes Blau. Eine scharfe Trennungslinie, der Schattenriß der Kyrkkåta. Das Feuer lodert. Zwei Holzkloben habe ich im Dorf entwendet. Ich sitze mit gekreuzten Beinen. Das seltsame Gefühl, an einem von seinen Bewohnern verlassenen Ort zu sein. Eindringling, Fremdling. Der doch Nähe sucht. Vor mir sind Samengesichter, ich habe sie in Büchern von Nils Aslak Valkeapää, von Sven Hörnell, im Nordischen Museum von Stockholm, im Museum von Tromsø, im Ethnografischen Museum in Oslo und im Musée l'Homme in Paris gesehen. Ich denke an die Schädelvermessungen, die Sterilisationen, die rassenbiologischen Experimente an den Samen in den dreißiger Jahren. Ich sehe die jungen Männer, die ich in der Unna Allakas-Hütte traf, und Saminnen und Samen, bei denen ich Felle, Fisch oder Rentierfleisch kaufte. Und dann

sind vor mir Samen, denen ich erst noch begegnen werde, Jahre später, die Rentierzüchter in Kuorpak, die Samen in Jokkmokk. Einer, in seinem Haus werde ich Gast während des Wintermarktes sein, wird zu mir sagen, daß die Europäer wohl über die Indianer Bescheid wüßten, aber über das Urvolk, das am Rande des eigenen Kontinentes lebt, wüßten sie nichts. Es wird Aslak Sarri sein, ein Jåkkåkaska-Same, der im Sommer in Arasluokta lebt, er wird mich hierher einladen, zum gemeinsamen Wandern. Er ist in meinem Alter, zweiunddreißig ist er, Besitzer einer Rentierherde. Er wird mir von seinen Tieren, der Arbeit in den Bergen, der Natur, die sein Leben sei, erzählen. Wie lange noch das alles, wird er sagen.

Und auf dem Marktplatz am Feuer tauchen vor mir Bilder des Filmes »Urga« auf, die weite mongolische Steppe, die Nomadenfamilie, der russische Lastwagenfahrer, der über die Begegnungen mit dem ursprünglichen Leben dieser Familie ungläubig, staunend, zunehmend mit Schmerz, mit einem Anflug von sanftem Neid die Verluste modernen Lebens begreift, von der Sehnsucht nach etwas unwiederbringlich Verlorenem erfaßt wird. Treibt nicht das auch mich? Läßt mich, wenn ich in die Zivilisation zurückkehre, mit meinen näbbskor durch die Großstadt stapfen, als könnte ich an den Sohlen etwas mitschleppen, festhalten.

Das lichte Blau am Himmel ist einem satten Blau gewichen, dann wird auch diese Farbe von der Dunkelheit aufgesaugt. Der Tag hat sich in die Nacht verwandelt. Der Wechsel von Hell zum Dunkel hat auf der Netzhaut polare Zustände ausgelöst. Allmählich sind alle Konturen geschwunden. Das Feuer ist heruntergebrannt. Es ist verloschen. Alles um mich ist schwarz. Die eigene Hand, die ich hebe, kann ich nicht mehr sehen. Stille. Kein Laut. Finsternis. Ich fühle mich nicht mehr als Eindringling, Fremdling. Ich sitze in diesem Raum der Finsternis, spüre, er ist von dichten Kräften erfüllt.

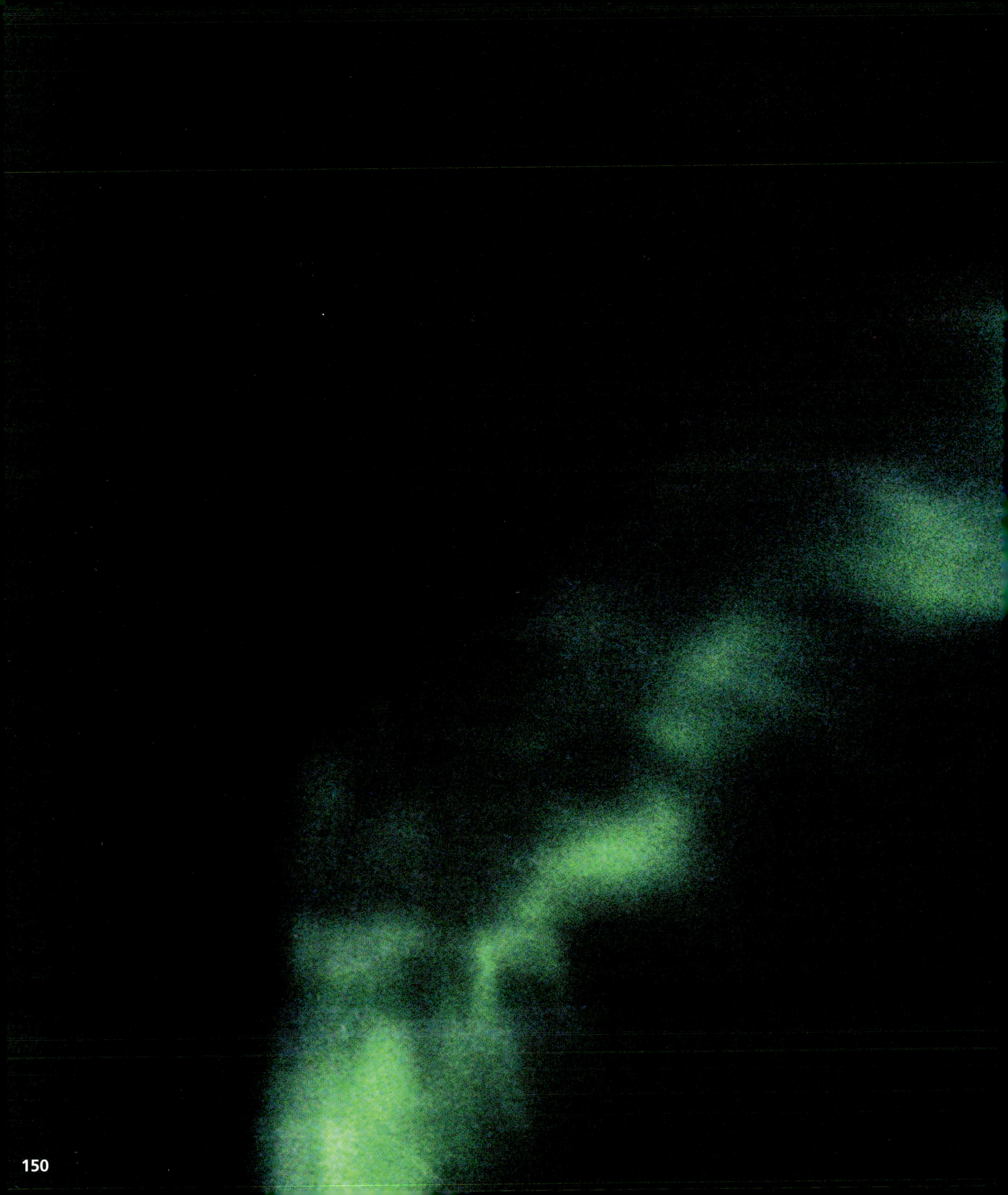

Sie: Jokkmokk, samisch Jåhkåmåhke; seit vierhundert Jahren findet hier im Februar ein Wintermarkt der Samen statt. In der langen Dunkelzeit die Möglichkeit zu Begegnungen, Austausch von Worten und Waren, zum Feiern. Von überall her strömen sie, wie ein magischer Kreis zieht der Markt sie an. Auf dem Markt des Nordens kein Geschrei von Händlern und keine betäubenden Gerüche wie auf einem südländischen, der Wintermarkt in Jokkmokk wird dominiert

vom Geräusch der Schuhe auf dem Schnee. Kälte, 30 bis 40 Grad minus können es sein. Je nach dem Kältegrad des Schnees und dem Gewicht des Körpers, dumpf oder hell, ein Klingen, Ächzen, Knarren der Schritte. Das Konzert der Tritte auf dem gefrorenen Schnee. Über den Mündern von Schaulustigen, Händlern und Käufern kleine Atemwolken, die wie Sprechblasen in die Luft steigen. Vermummte Gestalten. Die Kinder wie Kugeln. Viele der Händler in langen

Pelzmänteln, mit riesigen Pelzhandschuhen, die wie Tatzen wirken; ihr Aussehen halb Tiergestalt, halb Märchenprinz. Kopfbedeckungen aus Leder, Pelz und Tuch, die verwegenen Vierwindemützen der Samen, imposante Polarfuchsfelle auf vielen Köpfen. Auffällig vor allem das Schmuckbedürfnis der Männer. Und die Augenpaare in den geröteten Gesichtern, in die die Kälte Muster gezwickt hat. Wir treffen unsere Freunde aus Bölebyn, Jan, den Gerber, mit seiner Frau Inger. Wir helfen ihnen, ihre Jurte aufzubauen. Ihre Markttradition ist jung, erst seit fünfzig Jahren bietet die »Bölebyns garveri« ihre Lederwaren in Jokkmokk an.

Die Marktbuden und Stände, an denen die Menge sich vorbeischiebt. Die Angebote: ausgestopfte Tiere, Polarfüchse, Luchse, Schnee-Eulen, ungegerbte Rentierfelle, Leder vom Ren, Wollsachen, Schuhe aus Fell und Leder, Handschuhe, Angelhaken, Fischernetze, Elch- und Rentierfleisch, Schneehühner, noch im weißen Federkleid, Mult-, Preisel- und Blaubeeren, Fische, Saiblinge vor allem. Und samische Handwerkskunst, Holztassen, Gürtel, Armbänder aus schwarzem Leder, traditionell bestickt mit feinen Silberfäden, Kleidung aus Renleder, Schnitzereien aus Birkenholz und Messer, immer wieder Messer. Manche Besucher brauchen die drei Tage, die der Wintermarkt in Jokkmokk abgehalten wird, um sich für eines der Messer zu entscheiden; die Philosophie des Messerkaufs.

Viele Schweden aus der näheren Umgebung, aber auch ausländische Touristen besuchen den Jokkmokk-Markt, vor allem aber ist er ein Fest für die Samen selbst. Am Vorabend der Eröffnung das traditionelle Markknochenessen. Der Saal des Hotels »Gästis« ist bis auf den letzten Platz mit Einheimischen gefüllt. Viele Samen haben ihre schöne Tracht an, tiefblaues Tuch, mit Rot abgesetzt. Die Bedienung trägt Platten mit blanken Beinknochen von Rentieren herein. Ein älterer lustiger Same am Nebentisch führt uns vor, wie man sie genießt: geräuschvoll saugt er das Mark aus einem Knochen. Dreht ihn dann um, imitiert ein Musikinstrument, beginnt zu joiken. Applaus von allen Seiten. Im alten Kino »Bio-Norden« findet am nächsten Tag das große Joik-Fest statt. Joik, der samische Sologesang, ist ein Erzählen und Sicherinnern an Menschen und Ereignisse und zugleich eine Naturbeschreibung. Die Karten waren ausverkauft, wir stehen am Eingang und sehen zu, wie die Samen hineinströmen. Fast alle in ihrer farbenprächtigen Kleidung. Eine

Amerikanerin ist empört, sie sei eigens von Amerika angereist und müsse nun vor der Tür bleiben. Die Einlasserin erklärt ihr ruhig, das Joiken sei bei den Einheimischen sehr beliebt. Die Selbstverständlichkeit, mit der für Touristen keine Ausnahmen gemacht werden. Wir gehen ins Áttje-Museum, dort spricht Ingve Ryd über sein Buch mit den dreihundertsechzig samischen Worten für Schnee. Dann sind wir im Saal vom Församlingshemmet, stehen hinter den Sitzreihen in einer dichtgedrängten Menschenmenge. Der samische Maler Lars Pirak, dessen Bilder in Museen in Chicago, Tokio und Sydney hängen, erzählt und joikt. Er wird immer wieder von Lachen und Beifall unterbrochen. Unsere mangelnden samischen Sprachkenntnisse. Wir verstehen ihn nicht. Ich denke an meinen Besuch im Sommer in seinem Atelier. Die ruhige Stunde, in der er von seiner Arbeit sprach. Vielleicht berichtet er dem Publikum jene Geschichte, die er mir zum Ende meines Besuches erzählte. Wie seine Eltern, Rentierzüchter, die noch als Nomaden lebten, bei einer stürmischen Überfahrt über einen See die kleine Schwester verloren, die in einer Lederwiege schlief. Wie die Mutter das erst nach Stunden bemerkte und es wiederum Stunden dauerte, bis man das Kind fand; es schaukelte unversehrt wie in einer Nußschale auf dem Wasser; ein Plädoyer für die samischen Lederwiegen.

Und unten am See jagen die Schlittenhunde über die gefrorene Fläche, zehn Hunde vor jedem Gefährt. Und ein Rentierrennen findet statt. Am Abend ist überall Tanz. Wir sind im Keller der Samenschule. Disco-Musik. Die Zwölf- bis Vierzehnjährigen springen umher, drehen sich im Kreis. Fast alle tragen ihre traditionelle Kleidung.

Der Heimweg über den nächtlichen Markt. Die leeren, verlassenen Verkaufsstände, Jokkmokk liegt da wie ausgestorben, das Neonlicht der Straßenlaternen läßt den Schnee grün schimmern, der Mond steht fremd und fern über allem; und man ahnt die Trostlosigkeit des langen nordischen Winters.

Zu Hause läßt Aslak Sarri uns von seinem Selbstgebrannten kosten, legt ein Video ein, wir sehen ihn mit seiner Rentierherde in Arasluokta, sehen, wie er seine Kälber markiert, ihnen das seit Jahrhunderten gebräuchliche Zeichen der Familie in die Ohren schneidet. Und Svea, die Samin, die ich im Sommer in Jokkmokk traf, hat ihr Kind zur Welt gebracht, es ist eine Tochter, und vielleicht trägt sie den Namen der Großmutter.

BIO NORDEN
HOTEL

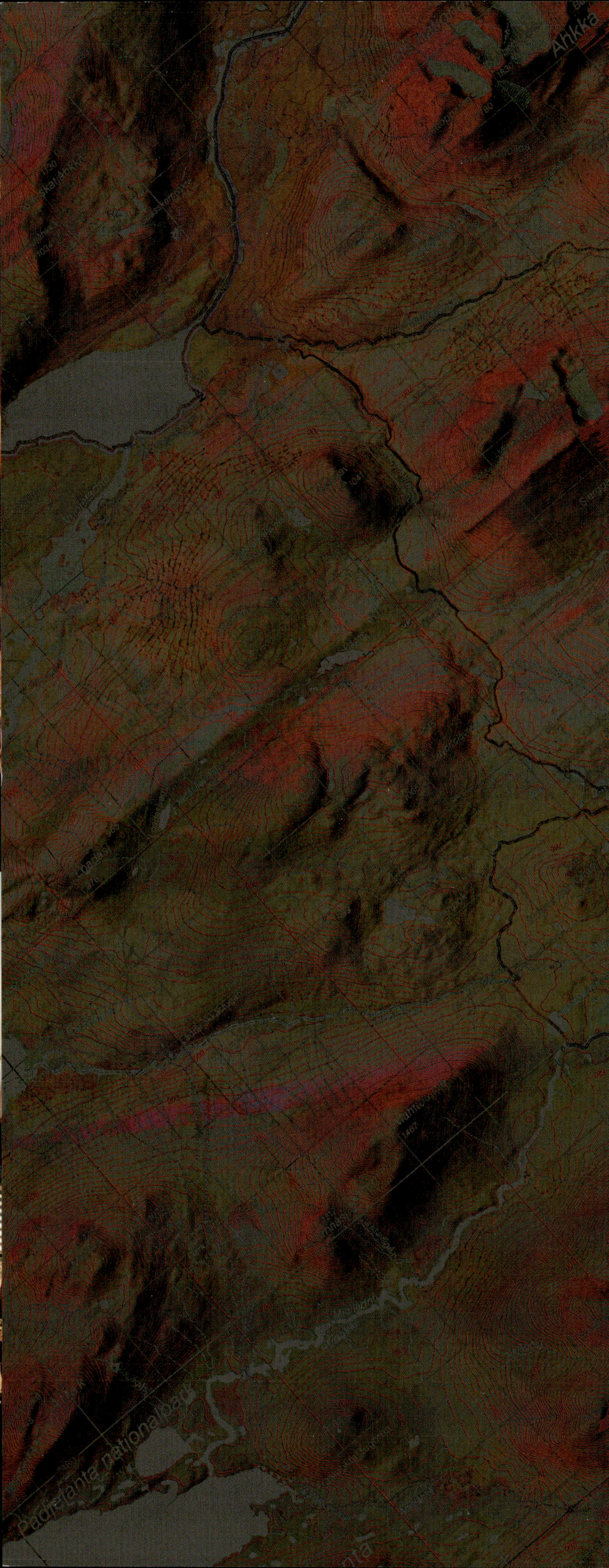
Ahkka
Padjelanta nationalpark

Sechster Tag

Er: Ich erwache mit dem Satz: *Lagerordnung, wir sind noch nicht raus aus Auschwitz, nur, heute werden die Leute nicht mehr verbrannt, ihre Gehirne werden zerlegt.* Die Ungeheuerlichkeit des Satzes. Ich sage mir, der Satz kommt aus dem Traum, ich versuche ihn in das Unterbewußtsein zurückzudrängen. Als ich die Augen aufschlage, entfällt der Griff zum Zeltreißverschluß, der blaue Himmel lagert in den Hüttenfenstern, die Sonne scheint. Innerhalb von zwanzig Minuten bin ich abmarschbereit. Ich nehme Abschied von dem Samendorf, in dem es mir gut ging, von dem ich Besitz ergriffen hatte; der Abschied macht mich traurig, ein Gefühl von etwas Unwiederbringlichem erfüllt mich. Ich laufe durch das Dorf an den leeren Behausungen vorbei, lasse sie hinter mir, steige auf. Es geht steil bergan, ich blicke

immer wieder zurück, die Hütten werden kleiner und kleiner, schließlich nehmen Landschaft und Samendorf unten die Realität einer Luftaufnahme an. Von dieser Höhe habe ich plötzlich die Vision, die Samen sind nicht zum Herbstbeginn ins Tal gezogen, sie sind zusammengetrieben, selektiert, evakuiert, abtransportiert, vernichtet worden, ihre Hütten wurden niedergebrannt. Und das fürchterliche Gefühl setzt sich in meinem Kopf fest: Ich bin beteiligt daran. Die Distanz zwischen Bild und Erleben. Bin ich Handelnder, Berichtender? Ich sehe mich in einem Helikopter Jagd auf Fliehende machen, erkenne unten Bombentrichter, sehe mich in einem Flugzeug Bomben ausklinken. Kriegsbilder im Fernsehen. Kriegsbilder in mir. Der Dreck in meinem Kopf. Wozu wäre ich fähig, wo ist in mir der Ort des Verbrechens?

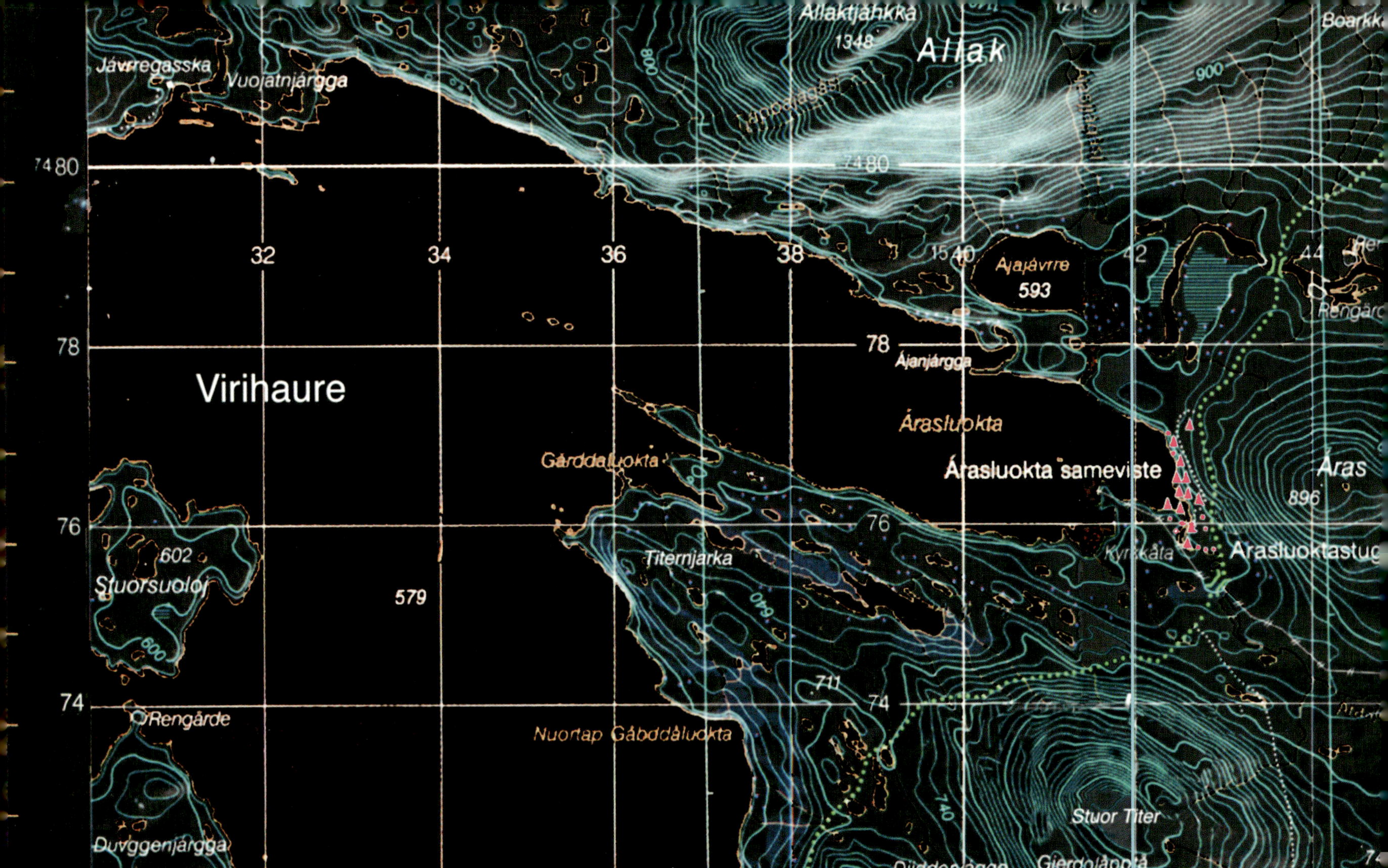

Die Frage, die mich umtreibt. Franz Fühmann als Soldat. Er sagte mir, alles sei möglich gewesen, auch bei ihm, der Mensch sei unberechenbar. Er war der einzige, der mir das sagte.

Die Faszination, die von der Herrschaft über Leben und Tod ausgeht, von Machtausübung, Zerstörung. Meine Männlichkeitsphantasien. Überfallen sie mich, weil ich in einer feministisch geprägten Elterngeneration aufwuchs, in der die Mütter stark waren und alles Militante desavouierten, die Väter aber nicht zu Wort kamen, ihre Körper keine Rolle spielten, sie keine Schläge austeilten, und das Nichtgeschlagenwerden die fehlende Initiation manifestierte? Weil ich der Generation des kalten Krieges angehöre, *heiße* Kriege stets in der Ferne stattfanden, der schmutzige Vietnam-Krieg, der schmutzige Golf-Krieg. Überfallen sie mich, weil nach dem Ende des Gleichgewichts des Schreckens die Gedenktafeln der deutschen Toten des Ersten und Zweiten Weltkrieges neu poliert und graviert werden und auf ihnen nicht steht, daß sie irregeführt, mißbraucht wurden, sondern, daß sie als *Helden* für ihr *Vaterland* starben. Überfallen sie mich, weil nach dem Ende des kalten Krieges der Übergang zum *heißen* Krieg fast nahtlos vollzogen wurde, der *heiße* Krieg uns geographisch immer näher auf den Leib rückt, über die Medien in unser Alltagsdenken eindringt.

Meine Armeezeit. Ich war neunzehn. Grundwehrdienst. Eineinhalb Jahre in einem unterirdischen Bunker. Im nördlichen Raum der DDR. Ein Gefechtsstand der Luftverteidigung, Flakraketen. Ich war Planzeichner, hatte in Spiegelschrift alle Bewegungen des Gegners zu markieren. Ich saß vor einer großen Plexiglasscheibe, darauf die Karte von Mitteleuropa. Die Grenze, der Eiserne Vorhang unmittelbar vor meinen Augen. Über Kopfhörer wurde der Feind gemeldet. Position, Höhe, Fluggeschwindigkeit, Anzahl. Ich hatte das grafisch zu übersetzen. Training des Kurzzeitgedächtnisses. Am Ende der Ausbildung pro Minute die Koordinaten von zwanzig Flugzeugen. Mein Kopf ein Computer. Für mich wurde der Feind zu einem Punkt, den ich auf die Plexiglasscheibe zeichnete, der wanderte, sich

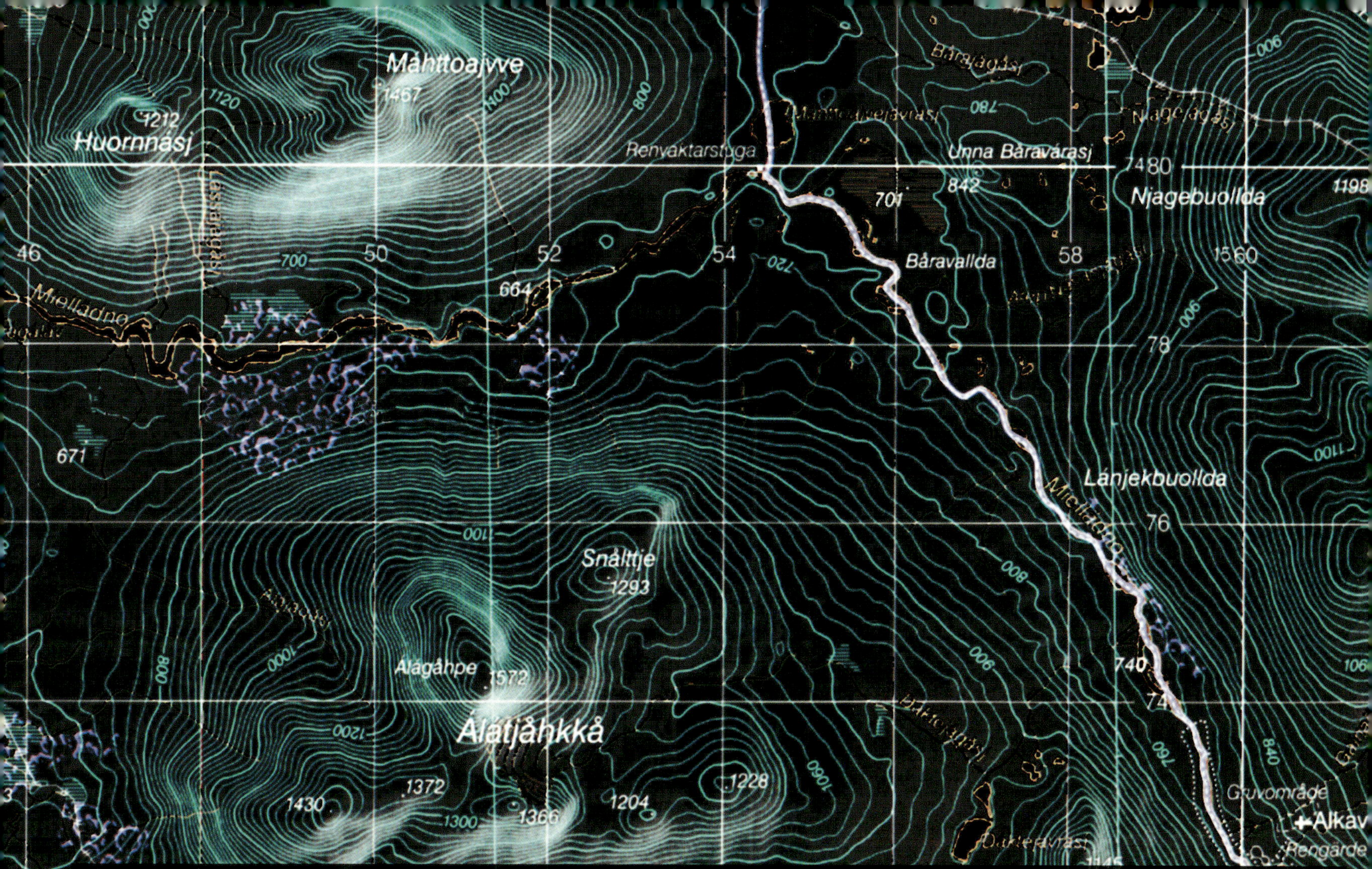

veränderte, den ich mit einem Tuch löschen konnte. Ein virtueller Feind, physisch nicht anwesend. Das Phänomen. Der Feind eine Zahlenkombination.

Der für mich reale Feind saß im Bunker selbst, zwei Meter von mir entfernt, mir gegenüber, auf der anderen Seite der Plexiglasscheibe an einem großen Kartentisch. Es waren alte Männer. Bei normalem Dienst ein oder zwei, bei Gefechtsübungen sechs oder sieben, Offiziere, Oberste, Generäle. Ihren Befehlen war ich ausgesetzt, sie hatten Macht über mich, sie verloren die Nerven bei Gefechtsübungen; die Fehlerquote war erschreckend hoch. Mein visuelles Erfassen der Welt ist von den eineinhalb Jahren im Bunker geprägt. Die Distanz zwischen Bild und Geschehen ist die Realität der heutigen Kriege. Der Golf-Krieg, ein High-Tech-Krieg. Er ist als erster Fernsehkrieg in die Geschichte eingegangen. Keine Opfer, keine Leichen waren auf dem Bildschirm zu sehen, nur Luftbilder, die die Ziele der Zerstörung zeigten, aus der Perspektive der Piloten – und die Vernichtung. Alles aus großer Höhe. Satellitenaufnahmen. Gesichter nur die der Generäle, die die Satellitenbilder kommentierten, die technische Perfektion ihrer Waffen anpriesen. Und für niemanden war überprüfbar, ob es sich um von Computern manipulierte oder um Originalbilder handelte. Der Krieg als Satellitenbild, als Computerspiel, die grafische Übersetzung, die Opfer ausgeblendet. Globalisierungskrieg. Fehlbombardierungen in Serbien: Rechenfehler. Virtuelle Welten. Bilder auf der Digitalkamera. Computerdaten, die nur noch aus 0 und 1, aus Ja und Nein bestehen.

Das Samendorf als Luftbild unter mir. Mein Kopf ein Tresor, in den niemand außer mir hineinsehen kann, aber nicht einmal für mich ist er transparent. Mein Kopf ein Medium für das, was andere Gehirne tun und getan haben. Absurde Welt. Sie pocht in meinen Schläfen. Der Dreck in meinem Kopf. Der Schmerz über den Dreck in meinem Kopf. Ich versuche den Dreck loszuwerden, herauszuschleudern. Bin erregt.

Sie: Durchgefroren bin ich gestern in mein Zelt gekrochen, in der Nacht wurde ich immer wieder wach, mein Körper konnte sich nicht erwärmen. Am Morgen Dunst im Tal, dichter Nebel. Aufbruch. Im Nebel wandern. Ich bin nicht allein, immer wieder menschliche Gestalten, einsame Wanderer, die mir entgegenkommen; Konturen von Körpern, undeutlich Gesichter. Wenn ich sie erreiche, sind es Bäume, Steine, Felsbrocken. Einmal zieht ein Ren lautlos im Abstand von zwei Metern an mir vorüber. Im Nebel wandern. Fragmente. Stille. Selbst das Geräusch meiner Schritte wird vom Nebel geschluckt. Einzig mein Herz höre ich schlagen. Sein Klopfen trommelt Heiterkeit in mich. Stundenlang. Nach Auf- und Abstieg – ich habe ein scharfes Tempo durchgehalten – erreiche ich den Miellätno. Ist der Fluß die Wetterscheide? Es klart auf, die Sonne kommt. Ich überquere die lange Hängebrücke; sie schwingt im Rhythmus meiner Schritte. Ein neuer Aufstieg beginnt.

Er: Als ich den Miellätno erreiche, beginne ich ruhiger zu werden. Die Natur entfernt den Schmutz aus meinem Kopf, die Landschaft befriedet, reinigt mich, das Böse bleibt auf der Strecke. Ab jetzt – ich spüre, dies ist der Moment – wird alles Arbeit sein. Alle meine Sinne werden sich schärfen. Die Konzentration der Wahrnehmung in bezug auf meine Projekte. Die noch leeren weißen Zeichenkartons in meinem Rucksack werden sich füllen. Ich weiß, wie irrational und verspielt diese Inspiration durch die Natur sein kann und daß sie im Moment des Erlebens niemals eindeutig zuzuordnen ist, das geschieht erst später, da rücken die Dinge sich von selbst an die richtige Stelle. Aber ich weiß auch, welch Maß an Kreativität beim Wandern in Gang kommen kann, wenn ich das unendliche Formen- und Bilderreservoir der Natur nicht in seiner reinen Poesie wahrnehme. Sondern geschärft analytisch, das heißt schon in der Übersetzung.

Sie: In der Ferne kann ich schon den Vastenjaure sehen. Auf der gegenüberliegenden Bergwand stehen die noch grünen Birken in seltsamen Formationen, als würden sie eine Schrift bilden. Mehrmals glaube ich, den Schriftzug entziffert zu haben. Eine Botschaft? Aber im Gehen verändert sich die Schrift. Was steht da? Ich laufe weiter, die Bergwand fällt langsam aus meinen Augen. Vor mir öffnet sich eine weite Ebene, mein Blick wird frei. Wind fächelt über die Ebene, ein sanftes Geräusch. Als ich mich umwende, sehe ich in der Ferne Staub sich heben; er wird zur Gestalt, eine Windgestalt nähert sich. Ein Mann in altmodischem Habit, im schwarzen Roquelor, die blonden Haare lose hängend wie ein Handwerksbursche, es ist Jakob Lenz. Als er auf meiner Höhe ist, begegnen sich unsere Augen, ruhen ineinander, aber er sieht mich nicht. Er geht weiter. Ich höre Schritte, Stimmen. Erblicke drei Wanderinnen. Cornelia und, mit derben Schuhen, die Röcke geschürzt, Christiane, ihr zur Seite Caroline. Gesprächsfetzen, es ist vom Gasthaus »Zur Schelle« in Gotha die Rede. Lachen. Ihr Atem streift mich, als sie vorübergehen,

ich könnte die Hand ausstrecken. Ich sehe ihnen nach, mir wird bewußt, in dem Alter, in dem ich jetzt bin, waren ihre Lebenswege schon beendet. Wieder trägt der Wind Stimmen zu mir, gleich Schattenrissen nähern sich zwei männliche Gestalten. Sie tauschen sich über ihre Wandererfahrungen aus. Der eine erzählt von seiner Alpenüberquerung, der andere von seiner Lapplandexpedition. Und dann Fachsimpeln – schon sind sie vorüber, ihre Stimmen wehen zurück –, ich höre den einen von *Steinen aus den Paduanischen Gebirgen womit sie in Padua und Venedig pflastern, Ob Lava? ob Porphyr?* von *Basaltgeschiebe aus dem Adriatischen Meer* sprechen, den anderen von *Eisenerz, Greisensilber* und *Lappmarkskalk* und ich denke an Goethes Worte: *Dieser Tage habe ich wieder Linné gelesen und bin über diesen außerordentlichen Menschen erschrocken. Ich habe unendlich viel von ihm gelernt, nur nicht Botanik. Außer Shakespeare und Spinoza wüßte ich nicht, daß irgendein Abgeschiedener solche Wirkung auf mich getan.*

Er: Der Aufstieg zum Pårka-Paß. Die Sonne ist warm, es ist fast frühlingshaft. Über bunte Hügel komme ich zum Låddejåkkå hinab. Ich stehe auf der Brücke. Das Flußbett ist tief, die Wassermassen haben das Gestein ausgespült, ein Cañon. Die Architektur, die der Fluß in die Steine geschnitten hat, kreisrunde Löcher, sich öffnende Räume, barocke Formen. Die Natur als durchtriebener Brunnenarchitekt. Die Bilder in meinem Kopf explodieren. Die Felsen haben Augenhöhlen und Münder, überall Körper, bizarre skurrile Formen. Und das schäumende, sprudelnde,

gurgelnde, tosende, kreiselnde Wasser, das sich aufbäumt, wenn es gegen ein Hindernis schlägt, unzüchtig, wild, ich sehe weibliche Formen, das Gekräusel einer Scham, einen Schoß, der sich öffnet, pulsiert, im Abwärtsschnellen des Wassers wirbelhafte Bewegungen, zurückgeworfener Schwung, Gefälle, Aufgehaltenwerden durch einen Widerstand; die Wut, mit der das Wasser seine Verlangsamung wieder wettmacht. Sein raffiniertes Strömungsverhalten.

Er: Dann beginnt mein Aufstieg auf den Låtatj. Eine Hochebene mit sanfter Wölbung. Ein Grasland. Alles ist mit gelbgrünem Gras bewachsen, die Spitzen sind herbstrot und leuchten in der Sonne, die Fläche changiert zwischen rot und gelbgrün. Eine unendliche Wiese, über die ich laufe. Am Himmel gibt es keine einzige Wolke, nur die beschneite Kuppe eines runden Berges stößt über die Linie, wo Horizont und Wiese sich begegnen. Der Klang der Farben von Wiese, Himmel und Bergkuppe. Ich laufe, laufe. In das Grasland gräbt sich die Komponente der Zeit. Bei einer Rast sehe ich auf der Karte: ich habe mich verlaufen, ich bin schon seit drei Stunden nicht mehr auf dem Padjelantawanderweg, ich bin einem Pfad der Samen gefolgt. Das Irrationale des Vorgangs. Die Monotonie der Landschaft. Ich wandere unbeirrt weiter.

Als ich nach einer Zeit hochsehe, ist das Akka-Massiv vor mir. Wie ein Geist ist es aufgetaucht. Der Anblick treibt mich zwei Schritte zurück, trifft mich wie ein Schlag. Ich begrüße den Berg mit einem langgezogenen Freudenschrei. Der

Akka ist der heilige Berg der Samen. Áhká bedeutet auf samisch alte Frau. Der Berg beschützt Herd und Familie. Für mich wird an seinem Fuß der Endpunkt meiner Wanderung sein. Auf die Wiese fällt mein Schatten. Ich habe den Berg immer vor Augen. Der Schnee auf dem Akka-Massiv schimmert in Hellblau und Gelb. Und auf der endlosen Grasebene wächst mein Schatten, wird länger und länger, zehn Meter, fünfzehn, zwanzig. Ich bin ein Riese. Schritt. Schritt. Der Rhythmus meiner Schritte. Der Berg, der sein Haupt über die Horizontlinie reckt. Aber mit einem Mal verwandelt er sich, wird ein dicker Neger, der den Kopf wiegt, er bedient zwei Plattenteller, die Gräser beginnen sich wie eine gleichgeschaltete Masse im Takt zu der von dem DJ aufgelegten Musik zu bewegen.

Und dann ist der Berg wieder der Berg, aber die Gräser tanzen weiter vor meinen Augen. Geben meine Schritte, meine Gedankenschritte ihnen den Rhythmus vor? Die Grashalme sind Zeichen auf einer anonymen Oberfläche, Zuschauer in einer Arena, vor einer Bühne, jeder einzelne eine Individualität, sie wiegen sich im Tanz, ihr sich steigernder Glanz im

Widerschein der Bühnenereignisse. Meine Sehnsucht, die Zuschauer in der Bewegung zu erreichen; sie tanzen und ich kann ihnen dabei Bilder zeigen und eine Geschichte erzählen. Ich wandere weiter, mein Schatten läuft mir voraus. Gleichförmigkeit, Einförmigkeit der Graslandschaft. Am Ende der Ebene sehe ich eine Erhebung. Sie leuchtet rot. Ich laufe direkt darauf zu. Was kann es sein? Der Widerschein der Abendsonne auf einem Felsen, eine flammend rote Buschregion? Aber das Rot verändert sich, flackert. Ein Feuer von samischen Jägern auf einem Hügel, das Grashaupt einer Samenhütte, durch deren Fenster der Schein des Feuers nach draußen fällt? Ein Betonbunker mit Schießscharten für Feuersalven, ein Erdgeist mit rottriefenden Augen, ein roter Fleischberg, ein Schamhügel? Was es auch immer sein mag – und sei es ein Verderben, das mich verschlingen wird –, ich muß dort hin, unwiderstehlich zieht es mich an. Ein magisches Leuchten. Im Näherkommen sehe ich, es ist keine konvexe Form, sondern eine konkave, über der sich ein

roter Schein bewegt. Und dann erreiche ich die Erdvertiefung. Es ist ein Schlund, ein kreisrundes rotes Loch. Ich stehe, die Füße fest auf der Erde, am Rande des Lochs, blicke hinab, ein rotes Brodeln. Hitze schlägt mir entgegen. Und während ich die Füße noch fest auf der Erde weiß, habe ich das Gefühl, daß das Oben und Unten sich vertauscht, ich stürze nicht, sondern die Richtung meiner Füße zeigt nach oben. Ich fahre kopfüber in den Schlund hinab. Ein wärmendes Feuer empfängt mich, ich fühle mich geborgen, ein Wohlgefühl durchrieselt mich. Animalische Wärme. Das Feuer hat einen Körper. Feuer – Körper – Fleisch. Körperausdünstungen. Das Wohlgefühl hält an, aber dann nimmt die Wärme zu, ich beginne zu schwitzen, es wird heiß, Atemnot, die Behaglichkeit verläßt mich. Es wird siedend heiß, mein Körper durchläuft mehrere Stadien. Ist es Liebesglut? Bin ich im Höllenschlund oder in der Schoßwelt? Bin ich es, der brennt? Ein Gefühl der Auflösung überkommt mich. Mir schwinden die Sinne.

Vuojatädno
Vuojatädno

Siebenter Tag

Er: Ich erwache, wundere mich, daß ich im Zelt liege. Heute ist der siebente, der letzte Tag meiner Wanderung. Meine Wegstrecke ist lang. Mir fällt mein Verirren ein. Ich muß auf den Padjelantaleden zurückfinden. Ich laufe quer über den Berg durch Sumpfwiesen und über Mooshöcker, finde den Weg wieder. Komme an den Vuojatätno. Strömender Regen. Auch am Kutjaure. Ein langer Aufstieg. Durchgefroren erreiche ich die Kisuris-Hütte. Eine kleine Pause nur, ich muß weiter. Der Himmel wirkt, als hätte jemand einen Topfdeckel aus graugelben Wolken auf das Tal gestülpt. Die Hochebene vor der Kisuris-Hütte liegt in seltsamen Farben, blau, orange, braun und grau; ein Bild, das depressiv macht. Als ich ins Tal komme, ziehen die schweren Wolken langsam ab, der Topfdeckel bekommt Löcher. Durch eines kann ich in die Gletschertäler des Akka-Massivs hinaufblicken. Ein Brummen ist in der Luft. Schon seit zwei Tagen irritiert es mich, fortwährend habe ich es im Ohr. Packt mich die Lärmverschmutzung wieder? Jetzt ist das Brummen ganz nah, zwei

Helikopter erscheinen, fliegen direkt über mich hinweg. Ich sehe, sie bringen Bohlen ins Gebirge, vielleicht um eine Brücke oder einen Steg durch einen Sumpf zu erneuern. Ich bin erleichtert, kein Tinnitus, die Hubschrauber sind offenbar während der vergangenen Tage in den Nebentälern geflogen, ich konnte sie nicht sehen, aber das Brummen war über die Berge geweht.

Dann eine lange gleichförmige Strecke, immer durch Birkenwald. Plötzlich schießen unmittelbar vor meinen Füßen zwei Schneehühner kreischend in die Höhe. Ich sehe ihnen nach und da – ein zweiter heftiger Schreck – gerät ein Zelt in meinen Blick, ich laufe direkt darauf zu. Vor dem Zelt sehe ich einen dicken Mann mit Brille und Stirnband sitzen, er liest in einem Buch. Kann das sein in dieser Einsamkeit, in der ich mich vollkommen allein wähnte? Der Mann ist über meinen Anblick genauso erschrocken wie ich über seinen. Er blickt über den Rand seiner Brille, sagt in englisch mit deutschem

Akzent: There is no boat going. Ich antworte: I know, halte den Schritt kaum an. Er sagt: Okay, vertieft sich wieder in sein Buch, er macht den Eindruck, als säße er schon den dritten Tag hier und läse. Ich gehe an ihm vorüber. Dann denke ich, ich hätte ihn fragen können, wie er hierher gekommen ist und warum er so allein zwischen den Birken sitzt. Er muß ein Lapplandfreak härtester Sorte sein. Was mag er gelesen haben, es war weder eine topographische Karte noch ein Wanderführer, es war ein dickes Buch.

Ich erreiche die Brücke, die über den Vuojatätno führt. Die Brücke ist die Wegscheide. Hier müßte ich nach Suorva abbiegen. Ich will mich noch einmal zwingen, über die Konsequenzen des zusätzlichen Fußmarsches von zwei Tagen nachzudenken. Ich schiebe es beiseite. Ich werde in das Samendorf Änonjalme hinuntergehen.

Ich betrete die Brücke. Von hier kann ich schon die Mündung des Vuojatätno sehen, des Flusses, an dem ich Stunden um

Stunden entlanglief, gestern, heute; seine Vielgestalt, sein Fließen, Inseln in ihm, sein Verweilen, Ausufern und Mäandern; sein Verbergen, ich wußte – meine Muratjåkkå-Wanderung im Vorjahr auf der anderen Uferseite gab mir das Raumgefühl –, wo er floß, ich sah seine Gestalt, das Flußbett war nun breit, er verlangsamte sein Fließen, als ob er zögere, als ob er sein Ende aufhalten wolle.
Ich blicke von der schwankenden Brücke hinab. Unter mir ein Brausen und Tosen. Ein Wasserfall, der Fluß stürzt in die Tiefe. Aufschäumen, wildes Aufbäumen. Bevor der Fluß in den Akkajaure münden, sich aufgeben, seinen Namen verlieren wird, nutzt er seine letzte Möglichkeit. Er nutzt sie phantastisch.
Ich gehe über die Brücke auf die andere Seite. Die Sonne kommt. Wirft ihr Licht auf den Wasserfall. Das schlechte Wetter hat mich zum straffen Durchlaufen gezwungen, ich leiste mir eine kleine Rast.

Sie: Erwachen im Zelt. Wohlgefühl. Dunstschleier liegen über dem Tal. Heute ist mein letzter Wandertag. Ich komme an den Vuojatätno. Der Padjelanta-Weg führt jetzt an diesem Fluß entlang. Flußwindung um Flußwindung. Ein vielfach geschlängelter Lauf. Die Mäander des Vuojatätno. Ich gehe auf einem Höhenweg, er führt über eine Reihe ansteigender und wieder abfallender Hügel, die wie Kamelhöcker wirken, wie eine erschöpfte Karawane, die versteinert in der Landschaft liegt. Im Auf und Ab mein Blick auf die Mäander des Vuojatätno. Strömen, verströmen, verflossene Zeit. Plötzlich weiß ich, was auf der Bergwand stand, welchen Schriftzug die Birken bildeten. *Ab jetzt ist es spät*, stand da für mich

geschrieben. Das war die Botschaft. War es die Aufforderung, in meinem Kopf aufzuräumen, zurückzublicken, den Lauf des Lebens, die gelebte Zeit zu durchmessen? Mäander der Erinnerung: die subjektive Zeit. Flußlauf – Lebenslauf.
Ich sehe das Kind, das ich war, mit den nach innen gekehrten Füßen, dem vorgestreckten Bauch. Sehe das Haus, in dem ich aufwuchs. Den Garten daran. Durch den ich auf dem Rücken der russischen Soldaten galoppierte. Das Windgäßchen, wo ich meine Puppe zerschlug. Den Garten am Haus, meinen liebsten Ort. Und die Bodenluke. Wenn ich sie öffnete, wuchsen mir Flügel, ich sah die Dächer der Stadt und die Türme des Schlosses Friedenstein. Wenn ich mit

meinem Vater dort zu Besuch war, flocht ich meine zwei Zöpfe zu einem. Rapunzel, Rapunzel, laß dein Haar herunter; niemals kam ein Königssohn. Meine Herzkrankheit als Kind, ein Herzklappenfehler. Als ich fünf war, mußte ich über ein Jahr lang fest im Bett liegen. Auch später durfte ich nie rennen, nie mit anderen Kindern auf der Straße spielen. Blieb im Garten, hinter dem Zaun. Mit sechs mußte ich wieder laufen lernen, Schule nachholen. Ich wollte nicht buchstabieren, ich las nicht gern. Ich guckte lieber Löcher in die Luft. Nichtstun. Mit Pflanzen und Bäumen reden. Alleinsein war wunderbar. Nie langweilte ich mich. Seltsames Kind, widerspenstiges, verrücktes Kind nannten mich die Eltern. Und am Adjektiv verrückt machte sich ihr Urteil fest. Es blieb bis an ihr Lebensende so. Auch daß sie mich bis zuletzt Kind nannten. Wie auch der Mann, mit dem ich später lebte, Kind, Kindchen zu mir sagte. War es Schwäche, war es Mangel an Selbstbestimmung, was mich nicht widersprechen ließ? Oder konnte ich nicht vielmehr im Windschatten der Rollenzuweisung meine Segel sicher und in Ruhe setzen? Mein Widerwille gegen Erklärungen. Bis heute. Warum schreiben Sie? Was wollen Sie sagen? Was ist autobiographisch an Ihren Büchern? Erklärungen, die die Sprache zum Schutzschild verkommen lassen, die banalisieren, Logik vortäuschen, Geheimnisse zerstören. Die einzige Erklärung ist der Text selbst. Wie das Leben

die Erklärung des Lebens ist. Verschlungene Wege, Kreuzungen, Wegweiser, Endpunkte, Umkehr, neue Wege, die die alten sind, nie zu ergründende Spuren des Umherirrens: Die Topographie der Schreib- und Lebenswege. Das Leben ein Archiv unentzifferbarer Dokumente. Die Sprache als Faden, der durch das Labyrinth führt. In meinem Leben scheint mir alles erwachsen aus dem Kind, das ich einst war, das ich ein zweites Mal wurde mit den eigenen Kindern, ein drittes Mal mit dem Kindeskind. Eben aus jenem Löcher-in-die-Luft-Gucken, jener winzigen räumlichen Perspektiveverschiebung des Ver-rückt-Seins. Franz Fühmann: *Du verlierst nichts von dem, was du einmal warst, und bist gewesen, was du erst wirst.* An die Schulzeit kaum Erinnerungen. Wenig, was leicht und heiter in den Kopf sprang. Viel Starre, viele Leerräume. Wissen, das in die Raster der Ideologie gezwängt war, in dieses Prokrustesbett, in dem alle Neugier erstarb. Überflüssiges Wissen, das wie Steine im Magen lag. Entscheidend war der Platz, den man im Klassenzimmer innehatte. Nicht in der Wandreihe, nicht in der Mittelreihe durfte er sein, sondern in der Fensterreihe und außen. Der Himmel lagerte hinter den Fensterkreuzen. Man konnte den Wolkengestalten Namen geben, sich selbst in eine kleine Wolke verwandeln oder, wenn der Wind heftig trieb, sich von langen Wolkenarmen davonziehen lassen und Luftreisen unternehmen.

Im Erdkundeunterricht meldete ich mich stets zum Landkartenholen. Die schweren leinenen Rollen von der Kartographischen Anstalt Justus Perthes; die Welt unter dem Arm. Wenn man dann die Schlingen am obersten Haken der breitbeinigen dunkelgebeizten Holzständer befestigt hatte und die Landkarten entrollte, konnte man mit den Fingern die Längsgrade entlangwandern und die Breitengrade hochklettern, konnte mühelos Länder, Kontinente wechseln, es gab keine Grenzen, alles war erlaubt. Meine Fingerreisen nach Norden, nach Schweden, nach Lappland und bis hinauf nach Spitzbergen zum 80. Breitengrad. Am schönsten aber waren die Reisen auf den großen Flüssen, auf der Oder, dem Mississippi, auf Elbe und Irtysch. Der Finger konnte haltmachen, ans Ufer springen und zusehen, wie Fluß und Ufer einander mochten, sich zärtlich vereinigten, miteinander auskamen; so dachte ich, müßte die Liebe sein. Einer war der Fluß, der andere das Ufer; wenn man Lust hatte, wechselte man. Und immer, wenn meine Finger von den Quellen des Flusses bis zur Mündung gewandert waren, die Reise beendet war, hatte ich die Vorstellung, das Wasser des Flusses müsse auf geheimen Wegen im Erdinneren wieder zu seinem Ursprung zurückkehren. Dann mathematische Formeln und physikalische Gesetze. Deutschunterricht. Das zerfurchte Gesicht meines Deutschlehrers. Man mußte ihm an den

Lippen hängen. Er sprach von Leonce und Lena, von Saint Just und Georges Danton. Das brachte den Familientisch mit den gleichförmigen Reden, unter den ich früh, mittags und abends meine Füße zu setzen hatte, ins Wanken. *Puppen sind wir, von unbekannten Gewalten am Draht gezogen; nichts, nichts wir selbst!* Und von einer *Staatsform* sprach der Lehrer, die wie *ein durchsichtiges Gewand sein muß, das sich dicht an den Leib des Volkes schmiegt. Jedes Schwellen der Adern, jedes Spannen der Muskeln, jedes Zucken der Sehnen muß sich darin abdrücken.*

Was ich werden wollte, wußte ich nicht. Die Langsamkeit, mit der es in mir zum Vorschein kam. Ich war schon weit über dreißig. Warum war es so lange verdeckt, warum war dieses Zusichselbstfinden so schwierig? War es der Staat, der schwer die Hand auf einen legte? Neun Jahre war ich, als dieser Staat, die Deutsche Demokratische Republik, gegründet wurde. Ich knüpfte alle meine Hoffnungen an ihn. Fünfzig Jahre war ich, als er zusammenbrach. Ein durchsichtiges Gewand, das sich dicht an den Leib des Volkes schmiegte, wie ich träumte, hatte er wahrlich nicht, eher ein härenes, eines aus Sackleinen. Aber es war nicht nur die Hand der Ideologie, die sich auf mich legte, es war ebenso die Hand der Männer. Gerade jener, die ich bewunderte, die ich liebte. Das war das Paradoxon, die Liebe war die Verstrickung. Waren

die Männer meine Ermutiger oder verzögerten sie meine Suche nach mir selbst? Warum konnte man nicht tauschen, sich nicht miteinander suchen, miteinander wachsen? Zeitverschiebungen. Ließ die Liebe mich allein?
Der reale Weg. Nach dem Abitur die Frage. Ich wollte nicht Lehrerin werden. Das aber war der Studienplatz, den meine Mutter für mich erkämpft hatte. Als Angestelltenkind hatte man kaum eine Wahl. Im letzten Studienjahr gelang mir der Wechsel zum Diplom-Studium. Nach dem Abschluß noch ein Jahr Zusatzstudium, dann Assistentin, Aspirantin. Promotion mit dreißig. Die Universitätslaufbahn stand mir offen. Frauenförderung. Die Laufbahn war an die Universitätsstadt gebunden, ich lebte in einer anderen Stadt, ich hätte meine Kinder – sie waren ein halbes Jahr und viereinhalb Jahre alt – die Woche über in einem Heim unterbringen müssen. Man sprach von dem Geld, das meine Ausbildung gekostet, von meiner Begabung, von den hohen Erwartungen, die man an mich habe. Die Entscheidung fiel mir nicht schwer. Es waren die Kinder, für die ich mich entschied. Von einem auf den anderen Tag war meine akademische Laufbahn beendet.
Später fand ich in der Stadt, in der ich lebte, eine Stelle in einer Kunstbehörde. Acht Jahre arbeitete ich dort, das war die eigentliche Schule, die Lebensschule. Auf der einen Seite waren die Verwalter, die Bürokraten, auf der anderen die,

die die Kunst schufen. Dazwischen die Verleger, wenn sie gut waren, schlugen sie sich auf die Seite der Kunst, taktierten in die andere Richtung, sprachen mit verstellter Stimme. Auf der Seite der Verwalter war die Macht, war Borniertheit, Anmaßung. Auf der Seite der Schöpferischen waren die Widersprüche, die Erregungen, da wurden die Fragen gestellt, die auch mich existentiell berührten. Ich spürte schon bald den lähmenden, stinkenden Atem des Apparates. Ich war sein Teil. Meine Sehnsucht war die andere Seite. Da wollte ich hin. Aber wie war das zu schaffen? Überraschend kam von dieser anderen Seite Ermutigung. Sie hatte Stimme und Gestalt, brachte Nähe, Gespräche, lebensentscheidende Freundschaften. Ich trainierte den aufrechten Gang. Aber auch von den Verlegern kam Bestärkung. Ihre Angebote waren nicht ohne Verführung. Ich hörte zu, schwieg. Ich hätte meine Stimme verstellen müssen. Wie die Universitätslaufbahn schlug ich auch diese Angebote aus. Waren die Kinder damals der tatsächliche Grund, so schob ich sie jetzt nur vor. Dadurch gewann ich Zeit, mußte mich niemandem erklären. Im Schweigen lag Stärke. Eines Tages war es soweit, das Training war abgeschlossen, die schwere Hand der Ideologie lag nicht mehr auf mir. Der Dichterfreund sandte einen Gruß zum Tag der Befreiung. Eine entschlossene Freude war in mir, Pläne, intensivste Arbeit, das machen, was ich wollte, ich war zu mir selbst ausgewandert. Ein guter Anfang. Aber meine innere Freiheit, Sicherheit war noch nicht groß, noch nicht beständig genug, denn ein Jahr später ließ ich es zu, daß sich wieder eine schwere Hand auf mich legte, diesmal die eines Mannes.

Ich laufe noch immer am Vuojatätno entlang, wieder steige ich hinauf. Der Blick von oben auf die Mäander des Flusses.

Männer in meinem Leben. Es nähern sich vergessene Lippen, Umarmungen. Ich spüre den Atem der Männer, ich gehe vorüber, ihr Atem, ihre Schritte folgen mir. Ich blicke mich um, dann ihre Schritte im Takt mit den meinen. Die Erinnerungen sehen mich an. Der Mann, in den ich mich mit vierzehn verliebte. Er war Student, ich ein Mädchen mit Pferdeschwanz. Wir waren entfernt verwandt miteinander. Meine Großmutter und sein Vater waren Geschwister. Wir wurden Freunde. Als ich dreiundzwanzig war, wurde er der Vater meines ersten Kindes. Wir heirateten. Er wurde auch der Vater meines zweiten Kindes.

Zeitgleich, im dreiundzwanzigsten Jahr, trat der erste Mann in mein Leben, der Macht über mich haben sollte. Weder

mein Vater noch meine Lehrer hatten das jemals gehabt. Er aber hatte diese Macht in hohem Maße. War es seine Stimme, sein Äußeres, sein Wissen, seine Stellung, die Überlegenheit seines Alters? Er verführte mit allem. Besonders aber konnte er mit Worten verführen. Den Körper damit berühren, an sich ziehen. Gegen alle Widerstände. Er wurde mein Geliebter, war mein Lehrer, mein Vater, er stellte den Vater meiner Kinder in den Schatten, er prägte die Landschaft meines Kopfes. Ich liebte ihn, war ihm verfallen. Er entwarf Lebensmodelle, die vor zweihundert Jahren und im Jetzt gelebt wurden, Visionen von Partnerschaft: Orgasmus als Tor zur Utopie. Er baute Räume aus Worten. Sie waren unbewohnbar. Wir übersahen die Wände, zwischen denen wir gefangen saßen.

Die Wirklichkeit war eine andere. Meine. Seine. Die Abgründe, Qualen, Verstellungen, Lügen – zehn Jahre mit zwei Männern, mit dem Ehemann und mit dem Geliebten. Wenn ich heute zurückdenke, ist mir, als sei mein Körper zwischen den beiden Männern verhungert wie Buridans Esel zwischen den Heuhaufen. Das Hin- und Hergerissenwerden ließ mich weder bei mir noch bei einem der beiden ankommen. Der eine schüchtern, bei der geringsten Abwehr zurückweichend. Der andere fordernd, unersättlich. Seine Reden würden mich sinnlich machen, sagte er. So war es.

Nach zehn Jahren die Trennung, lang und quälend. Durch alle Wirrnisse hindurch gab es letztlich dafür einen einzigen Grund: die Wegweiser, Verbotsschilder und Grenzpfähle, mit denen er die Landschaft meines Kopfes zu versehen begann. Er, der mich so geprägt hatte, in der in unserer gemeinsamen Zeit so viel gewachsen war, ertrug nicht, wenn ich andere Wege als seine gehen wollte. Unsere erbitterten grotesken Auseinandersetzungen. Von Abseits und Irrwegen sprach er. Seine Argumente waren streng wissenschaftlich und logisch. Dagegen kam ich nicht an. Ich konnte nicht erklären, wußte selbst nicht, warum ich auf diese anderen Wege neugierig war, sie betreten mußte. Ich sei schwach, sagte er. Gut, ich war schwach. Mein Überdruß ohnehin an Erklärungen. Ich schwieg. Zog mich in mich zurück. Das Traumglück zerbrach; … *uns armen Liebevollen beiden* war *das wechselseitige Glück versagt, uns zu lieben, ohn uns zu verstehen.*
Die Trennung erschien als Bekenntnis zum Ehemann. Äußerlich sprach alles dafür. Nun lebte ich nur mit ihm. Neu beginnen. Jetzt, wo alles offen lag, wo er wußte, daß ich eine andere war, die zehn Jahre unerkannt neben ihm gelebt hatte. War ich wirklich eine so geschickte Lügnerin gewesen? Oder hatte er vielleicht nur die Augen verschlossen?

Unser Verhältnis zueinander veränderte sich wenig, der Alltag lief wie gewohnt weiter. Als habe es das alles nicht gegeben. Er sprach nie darüber. Er war mir ein Rätsel. Und ist es bis heute. Nie stritten wir uns. Begnügte er sich? Ich habe ihm nichts vorzuwerfen, denn ich blieb ihm gegenüber passiv.
Ich begann ein neues Leben in mir selbst zu suchen. Er nahm kaum Anteil daran, aber er ließ mir alle Freiheit. Ich war ihm dankbar. Er war mit anderem beschäftigt, mit Solidem, er baute ein Haus, für uns beide und die Kinder. Als das Haus fertig wurde, waren fünf Jahre vergangen. Ich traf den Geliebten wieder. Es war wie am ersten Tag. Ich wußte, alles würde sich wiederholen, ich sah den Abgrund, die Lüge, das Doppelleben.
Das war der Augenblick, in dem sich alles entschied. Entweder mit beiden oder mit keinem von beiden leben. Ich trennte mich auch von meinem Ehemann, wählte einen dritten.
Dieser dritte Mann, ein Troubadour, der mir zu Füßen lag, schien aus einer anderen Welt zu kommen. Aber nach und nach begriff ich, er kam nur aus einem anderen Jahrhundert. Er hätte der Bruder August Strindbergs sein können, was seinen Haß auf die Emanzipation betraf und auf diejenigen, ob Männer oder Frauen, die ihr nur einen Millimeter Raum

gaben. Auch was seine Eifersucht betraf, hätte er es mit Strindberg aufnehmen können. Er schied mich von allem, was vorher mein Leben ausgemacht hatte, von meinen Kindern, meinen Freunden, er kontrollierte meine Post, meine Augen, meine Worte. Ich glaubte, in ein Paradies gezogen zu sein und es war die Hölle.

Für ihn hatte die Liebe nur ein Gesicht. Die Frau mußte ihm untertan sein. Auch ihr Körper. Er war sein Besitz, er benutzte ihn wie ein Gefäß. Die Frau hatte ihm auf allen Wegen zu folgen, auch auf seinen Gedankenwegen. Sie mußte ihn vorbehaltlos bewundern, ihm Echo sein. War er es nicht wert, eine solche Frau an seiner Seite zu haben, dünnhäutig und verletzlich wie er war? Er war es wert. Aber ich konnte diese Frau nicht sein, ich war aus diesem Jahrhundert.

Wallfahrten durch das Vergessen. Ich war an einem Tiefpunkt. Alles war Schatten. Ich hatte meine Familie zerstört, die Kinder waren nach der Scheidung getrennt. Einen der Söhne hatte ich dem Vater überlassen, im Glauben, meinem Ehemann das schuldig zu sein. Die Härte, mit der ich das getan hatte. Die Frage, warum ich das Kind verließ, als es zehn war, stellte es mir mit zwanzig selbst. Der Schnitt, tief in mein eigenes Fleisch. Ich war aus meiner Bahn geschritten. Die Arbeit und die Kinder waren für mich immer das nächste gewesen, das, was mich ausgemacht hatte. Ich hatte beides

aufs Spiel gesetzt, hatte beides verloren. Es war totenstill in mir. Ich lebte mit einer Maske, der der Folgsamen, der der Untertanin. War das das Ende? Es konnte nicht das Ende sein. Im Dunkeln tastete ich an Wänden entlang. Im Güstrower Dom lief ich um den schwebenden Engel von Barlach. Die Haltung. Die Füße. Das Gesicht. Ich blickte in sein Gesicht. Immer wieder in sein Gesicht. Und da – mit einem Mal – zerbrach etwas in mir. Und etwas Neues begann. Ich verließ den Mann. Viel zu spät. Aber ich verließ ihn.

Meine Langsamkeit. Das Hinauszögern des Abschieds. Mein ungenügender Mut zu Trennungen. Mit den Männern war es so, mit Arbeitsstellen, Verlagen, mit Freunden. Der Körper wußte es längst, im Kopf war der Schritt vollzogen, die Taten aber hinkten wie fußlahme Wanderer hinterher.

Mit zweiundvierzig erstmals allein. Eine winzige Wohnung mitten in der Großstadt. Ich breitete meine Glieder nach allen Seiten. Mein Leben gehörte wieder mir. Die Maske fiel und ich spürte, daß meine Augen darunter weit offen gewesen waren. Die Jahre waren nicht umsonst gewesen. Auch die verlorene Liebe nicht. Die kalten Seiten wurden wieder heiß. Ich hatte die Kinder wieder und die Freunde kamen zurück. Und ich fand neue Freunde. Die beiden Söhne wuchsen

heran. Der jüngere, der mir die Frage stellte, warum ich ihn verlassen habe. Meine Scham, Bitterkeit. Die Wunden, die ich ihm zugefügt hatte. Unsere Offenheit gegeneinander. Aber die Antwort blieb ich ihm schuldig. Die Zeit ließ sich nicht zurückdrehen. Meine Lebensschuld. Nur die Zeit, die vor uns lag, war meine Chance. Voller Angst, ihn der Zerreißprobe im Kreis auszusetzen, hatte ich auch seine Berufswahl dem Vater überlassen. Der Vater wollte, daß der Sohn in seine Fußspuren treten, den gleichen Berufsweg gehen sollte wie er. Der Sohn tat es. Ohne Freude. Seine Energie schwand. Als ich das spürte, ermutigte ich ihn zu einem eigenen Weg, obwohl weder er noch ich wußten, wohin er führen würde. Er hat seinen Weg gefunden.
Meine Arbeit. Die Zeit, die mir allein gehörte, lagerte verschwenderisch um mich. Ich war, inmitten der Großstadt, wieder im Garten meiner Kindheit. In meiner Wohnung umgab mich eine dichte Arbeitsatmosphäre, von allen Seiten stürzten die Worte auf mich ein, als hätten sie sich die Jahre über unterirdisch gesammelt, hätten nur auf diesen Augenblick gewartet, um ans Tageslicht zu kommen. Aus den Worten ein Floß bauen, auf dem die Lebensfahrt fortzusetzen war. Sie brachen weg, die Worte, erneuerten, veränderten sich; unsicher und schwankend war das Floß, würde es mich

tragen? Ich lebte zurückgezogen, auf die Arbeit konzentriert. Der Zwang, mit sehr wenig Geld auszukommen. Es war schwer. Aber ich war frei von allem Überflüssigen. Es war eine Kargheit, aus der Kraft erwuchs. Würde, was ich tat, mir jemals ein Verlag abnehmen, würde es jemals für andere Menschen von Interesse sein? Die Frage kam und sie ging, sie hatte keine Bedeutung für mich. Wäre die Antwort ein Nein gewesen, ich hätte nichts anderes getan, als ich tat. Die Söhne wurden erwachsen. Rückzug, Berührung, Eigenes, Gemeinschaft, die flirrende Dynamik des Lebens. Leben in einer Wahlfamilie. Die steten Veränderungen, Freundinnen, Frauen der Söhne, Heirat, Scheidung, zweite Heirat, Familiengründung. Verlust, Erfüllung, Nähe und Ferne, der Kreis, der sich schließt. Zeitverschiebungen. Die Jahre stürzen, wir wachsen miteinander, verlieren miteinander, entfernen uns, nähern uns. Die Fahrt auf dem Lebensfluß. Sieben Jahre nachdem der Dichter den Gruß zum Tag der Befreiung gesandt hatte, trug das Floß. Aber es gab keine Sicherheit, stetig, Jahr um Jahr, war es zu erneuern, war an ihm zu bauen, es erforderte unablässige Denkbewegungen. Erfüllte Jahre. Der Wechsel von Öffentlichkeit, Reisen und Ruhe, Arbeitszurückgezogenheit. Meine Schreibeinsamkeit. Ich mag es, wenn die Worte sich noch fremd sind, ungeschriebene Seiten mich bedrängen, Berge von leerem Papier um mich lagern, auf Fußböden, an Wegrändern, im Traum. Ich mag es, wenn die ersten Buchstaben aufs Papier fließen, Worte bilden, die sich mögen, Sätze sich formen, wenn die Füße auf den Gängen durch die Landschaft die Nervosität des Suchens verlieren, weil der Rhythmus sich einstellt, langsam, allmählich. Ich mag es, wenn dann die Schlagwellen durch den Text rollen, Welle um Welle, und die Seiten dicht aneinandergepreßt stehen und ich in der Luft dazwischen meine Atemzüge weiß. Schreibeinsamkeit: das Dunkel trinken und sichtbar werden.

Wenn eine Arbeit fertig ist, nach Jahren der Zurückgezogenheit die Öffentlichkeit. Die Wirbel, Strudel, Stromschnellen, sich ihnen nicht aussetzen, sie umfahren, sie so schnell wie möglich hinter sich lassen. Ein Journalist, der zu mir sagt, wenn ich tot bin, kann ich mich endlich konzentrieren. Hektik, Nervosität, zerstreutes Hinschauen. In die Tiefe des Textes wird kaum getaucht, die Person interessiert. Erklärungen – mein Widerwille dagegen –, Meinungen, Markt, Medien, Geschäft, Literaturgeschäft, man verströmt sich, wird Oberfläche. Anders die Lesungen. Der Text steht im Raum, ich warte auf seinen Widerschein in den fremden Gesichtern, warte, daß sein Eigenleben beginnt. Oft sind es nur Sekunden der Wahrnehmung. Oft eine Geste, ein gewechseltes Wort. Immer ist alles flüchtig. Und stets durchwandere ich,

während ich lese, Räume und Orte, an denen die Texte entstanden sind. Wandern im Dienst. Auf der Flucht. Im Laufschritt außer Sichtweite. Noch immer die Mäander des Vuojatätno. Die Reisen meines Lebens. Wo fahren wir hin, fragte die Großmutter und antwortete: mit der Hand über den Bauch. Meine Wasser- und Landreisen mit dem Finger auf der Landkarte. Die Wirklichkeit dann. Reisen, die fast immer mit meiner Arbeit zu tun hatten. Rußland. England. Amerika, die großen Wasserläufe, der Mississippi nun vom Flugzeug aus. Frankreich, der Atlantische Ozean bei Lacanau-Océan, die langen Wege am Meer, die Wellen wanderten weiter und weiter. Die Reise mit dem älteren Sohn – noch bei geschlossener Grenze – dorthin.

Und zehn Jahre später mit dem jüngeren nach Italien. Da war die Grenze längst geöffnet, das zweite Leben hatte begonnen, der Staat hatte das Kleid gewechselt, aber auch das neue Gewand war nicht durchsichtig, schmiegte sich nicht an den Leib des Volkes, wir lachen über unser Unmaß an Hoffnung, es war schnell aufgebraucht. Aber die Freiheit der Himmelsrichtungen. Der Süden, die Fahrt über die Alpen, die heißen Julitage in der Toskana, die Nacht in Siena auf der Piazza del Campo, die Pflastersteine leuchten, wir sprechen über unsere Arbeit. Und ein halbes Jahr später, am letzten

Tag des Jahrhunderts, das Frühstück im Freien an der Piazza del Popolo in Rom; am selben Tag verlassen wir die Stadt. Die Fahrt ans Meer nach Sperlonga und weiter in die Berge nach Itri. Der Blick zurück zum Monte Circeo, wo Odysseus auf dem Meer umherirrte und der Zauberin Circe widerstand. In den Bergen in Itri die Silvesterfeier. Die Gläser klingen, in der Ferne, auf den Inseln Ventoténe und Ischia und in Napoli die Freudenfeuer, Grüße an das neue Jahrhundert. Am Morgen der Gang in der Landschaft, wir sehen in die sanften Augen der Büffel, Paul zeigt uns eine römische Zisterne, erzählt, vor Jahren habe ein Bauer seine Frau darin ertränkt, wir gehen zurück, brechen Lorbeerzweige, sitzen vor dem Steinhaus in der Sonne, das Tyrrhenische Meer glänzt in der Farbe von Wein.

Die Wanderroute. Vor meinen Augen eine Landkarte, auf der alle Reisewege meines Lebens verzeichnet sind. Liniengewirr. Nach Nordeuropa zu werden die topographischen Linien dichter, gestrichelte Linien, Jahr um Jahr ein und dasselbe Ziel, immer wieder: Roknäs. Und von dort in die Berge Lapplands. Ich zeichne als letztes den Weg ein, den meine Füße jetzt gehen, den Weg am Vuojatätno entlang. Erinnerungen. Die letzten fünfzehn Jahre. Männer, die mir zuweilen die Ruhe gaben, daß ich sie lieben konnte. Oft waren es nur kurze glückliche Augenblicke, der Abschied

stand schon hinter der Tür. Die viel jüngeren Männer, die anderen Dimensionen mit ihnen. Der Freund, der mich nicht erziehen wollte, mich nicht zu seiner Bestätigung brauchte. Jeder ging seinen eigenen Weg, ruhte in seiner Arbeit. Es waren die Zwischenräume, in denen wir zusammenkamen, wir tauchten aus unseren Arbeiten auf und ineinander ein; die Landstriche unserer Körper bäumten sich rhythmisch, pulsierten; unser Körperglück miteinander, er ließ mich meinen Körper entdecken. Freunde, die meinen Weg begleiteten.

Der Schutzwall der Freunde. Schritte neben mir. Männliches Schuhwerk, weibliches. Frauenschuhe in der Überzahl. Ist es Zufall, daß im letzten Jahrzehnt die Freundschaften mit Frauen zunahmen? Waren die Verständigungswege in der Gleichgeschlechtlichkeit kürzer, die Geduld, das Gesicht des anderen auszuhalten, den sich verändernden Linien zu folgen, ausdauernder? Weggefährtinnen. Sie bestärkten mich, meiner kindlichen Energie zu vertrauen. Wind, den sie mir unter die Flügel bliesen. Meine Freundschaften zu älteren, zu gleichaltrigen Frauen, zu Männern, zu viel jüngeren. Zu den Söhnen. Die Liebe fächert sich auf, nimmt viele Gestalten an, man erreicht eine Grenze, die Grenze öffnet sich und alles wird Grenze. Im Älterwerden die Metamorphosen der Liebe. Werden Freundschaften lebenswichtiger als die

Liebe? Zugleich die Gewißheit, sie von neuem zu erleben, die Liebe: *Ich will zu ihm. / Ich will in seinem Schatten sitzen*. Die Arbeit *und* die Kinder. Das macht mich aus. Meine frühe Nähe zu ihnen, den Söhnen, ich setze sie nicht mehr aufs Spiel. Die Söhne wünsche ich mir als engste Freunde. Die Beziehung zu ihnen am schönsten und zugleich am gefährdetsten. Ich lasse den summenden Chor der Warner in mir nie verstummen: das Haus, in dem sie wohnen, kann ich nicht mehr betreten, selbst der Blick durch die Fenster läßt mich nur ahnen, wer sie sind, sie führen ihre eigenen Leben, es ist das Gesetz der Zeit, unsere Wege werden sich trennen, sie werden weitergehen, während ich zurückbleibe. Es zählt nicht, daß man leiblich verbunden ist, daß man eine lange Lebensstrecke miteinander gegangen ist, daß man sie nie verliert, auch wenn man sie verliert. Es zählt nur ein Drittes, das jeder Freundschaft Nahrung gibt: Gemeinsamkeit in der Arbeit. Arbeit *mit* den Söhnen. Das *Und* schwindet und aus ihm wird ein *Mit*. Unser gemeinsames Projekt. Wir kennen die Wanderroute nicht, eine Reise ins Ungewisse. Gefahren, Spannungen, Widersprüche. Tauschen, voneinander lernen, miteinander sein. Ein Experiment. Meine Neugier: anfangen, immer wieder neu anfangen.

Der Fluß, der Vuojatätno – verflossene Lebenszeit. Plötzlich, wie ein Schock, die Frage, wieviel Zeit bleibt mir noch? Wo will ich hin? Was ist mein Ziel? Und ist das Ziel meiner Wanderung zugleich das Ende? Der Schriftzug, den die Birken auf der Bergwand bildeten. Die Botschaft: *Ab jetzt ist es spät*. Die Uhr tickt. Die gelebte Zeit verfließt. Was ist die Zeit? Meine Zeit? Existiert sie nicht nur, wo sie Raum in mir findet, in den Mäandern meiner Erinnerung? Die Geschehnisse zurückrufen, die Wege, Orte, was soll es? Ihre Topographie festhalten? Wo doch mit dem Schwinden von jedem Stück gelebter Zeit auch die Orte sich auflösen, der Raum sich verflüchtigt, in dem diese Zeit gelebt wurde. Mißt meine Landkarte nicht schon das Gestaltlose? Mit einem Mal ist mir, als sei meine Wanderung ein Prozeß des allmählichen Verschwindens, ein einsamer Weg auf einer dünnen geographischen Linie, die ins Vergessen führt. Ein Strom von Bildern in meinem Kopf.

Sie: Der Akkajaure wird der Endpunkt sein. Über diesen See muß ich übersetzen. Zurück in die andere Welt. Die Überfahrt. Werde ich es schaffen? Wird es einen Bootsführer geben? Ich denke plötzlich an den Fährmann in Franz Fühmanns »Traum vom Wassertheater«, sehe Fühmann in seinem Krankenzimmer in der Charité, umgeben von den Bildern des Totentanzes. Eine Müdigkeit überfällt mich, eine Erschöpfung, wie ich sie während all der Tage der Wanderung nie gespürt habe. Das Bedürfnis nach Schlaf; sich einfach hinlegen, auf die Nacht warten, einschlafen. Ich spüre, wie ich nah daran bin, das Gefühl für die Unterscheidung von Diesseits und Jenseits zu verlieren. Wo ist die Grenze meines Körpers, wo endet er? Ich mache keine Pause, atme tief durch, berede mich, das letzte Stück der Wegstrecke, ich beschleunige den Schritt, es kann nicht mehr weit sein. Ich muß es schaffen.
Ein Oktobertag in Roknäs kommt mir in den Sinn. Es war schon kalt. Ich lag – arbeitend – draußen auf dem Rentierfell am Feuer. Die Birken standen in voller Herbstfärbung in ihrem Goldgelb. Noch kein Blatt war gefallen. Da kam unvermittelt und heftig ein Wind auf, der zu einem Sturm wurde, er riß die Blätter von den Birken, entlaubte die goldgelben Bäume. Waren es Minuten, Stunden, in denen das geschah? Ich lag reglos auf dem Fell, die Blätter sanken auf mich, kühl lagen sie auf meinem Gesicht, meinem Körper. Anfangs hatte ich die Augen geöffnet, die Blätter kreisten über mir, ich sah das filigrane Liniengeflecht der Äderchen auf ihrer Unterseite, sah zu, wie sie sich auf mich senkten. Dann ließ der Sturm nach, sie drehten sich sachter, fielen langsamer, ich schloß die Augen, hörte dem Fallen der Blätter zu. Schicht um Schicht legten sie sich auf mich, das Feuer hörte auf zu knistern, erlosch und es wurde kalt und still.

dunkles Rauschen von Dasein, das stumm wie das schlafende Wasser war. – So kam ich an; die Gondel verhielt. – Auf dem Wasser ineinander vergingen; ich saß und sah ihren Spielen zu, in inniger, gelöster Ruhe, und die Nacht brach langsam herein. Plötzlich Homunculusakt von Goethes Faust. – »Was gibt es denn?« – »Es wird ein Mensch gemacht!« – »Schwester, ach – « – »Psst!« – Im zersprang, und da wußte ich es. – Das Leuchten ergoß sich in die Flut. – Neben mir hatte jemand Platz genommen, ich sah ihn Ende, der Vorhang gefallen, der Himmel sank auf das Wasser nieder, und da stieß auch meine Gondel ab, lautlos, einsam, nur ich geschwellter Verzückung, begriff ich, daß der Tod mich fuhr. Franz Fühmann

begraben werden. Ein Baum wird an Stelle eines Grabsteins gepflanzt … Friedensreich Hundertwasser

sondern Ohnmacht, bald stirbt noch das Feuer an uns. Reinhard Lettau

Ich lag mit geschlossenen Augen, in mir war eine große Ruhe und ich dachte, so müßte das Ende sein. Noch immer laufe ich am Vuojatätno entlang. Der Akkajaure kann nicht mehr weit sein. Ich ahne schon seine riesige glänzende Wasserfläche. Stelle mir den See vor, wie er ursprünglich war, noch unberührt von Stromgewinnung, Kraftwerksbau. Ich sehe die Samendörfer an seinem Ufer, sehe den Zug der Rentierherden. Dann die Rodungen. Der Bau der Staumauer. In zwei Stufen, 1911 und 1968, wurde der Wasserspiegel des Sees um insgesamt dreißig Meter erhöht. Der Kraftwerksbau veränderte das Leben der Samen. Die Staustufen des Luleälven. Wo einst Wasserfälle und Stromschnellen waren, sind jetzt riesige Stauseen, hinter den Staumauern sind erodierte, öde Strände. Der größte Wasserfall, der Stora Sjöfallet, ist zu einem Rinnsal verkommen, statt des Wasserfalls gibt es einmal im Jahr für Touristen und Einheimische ein Volksfest, den *Fallens Dag*, den Tag des Wasserfalls, die Schleusen der Kraftstation werden geöffnet, herabstürzendes Wasser kann bewundert werden. Aber kommt Freude auf? Das große Monument, das zum Abschluß der Wasserkraftwerksbauten am Luleälven 1988 in Porjus eingeweiht wurde und dem man den Namen »Kraft« gab, wird von den Einheimischen der Grabstein genannt.

Ich erreiche einen See, es ist erst der Kutjaure, ich weiß es. Vergewissere mich auf der Karte. Ich muß noch einmal aufsteigen, die Kisuris-Hochebene bewältigen, dann ins Tal hinab und nochmals am Vuojatätno entlang, bis der Weg über die Brücke zum Akkajaure führt. Meine Erschöpfung. Im Stehen kaue ich ein großes Stück getrocknetes Rentierfleisch. Schöpfe mit meiner Holztasse mehrmals Wasser, trinke gierig.

Dann der Aufstieg, die Hochebene, der Abstieg ins Tal. Der Weg durch den Birkenwald. Plötzlich ein Stocken der Füße, ein Schrecken, ich sehe ein Zelt und einen dicken Mann davor sitzen. Mein Schreck ist so heftig, daß mir das Herz fast stehenbleibt. Aber ich weiß sofort, wer er ist, dieser dicke Mann. Warum aber erscheint er in der profanen Gestalt eines fettleibigen Mannes. Ich gehe auf ihn zu. Er grüßt. Ich grüße zurück. Er sagt den Satz von der Fähre, die nicht mehr übersetzt. Ich nicke, sage, ich weiß es. Dann gehe ich weiter, lasse ihn hinter mir. Ich bin ganz ruhig. Wir täuschen uns, wenn wir den Tod nur immer vor uns sehen, ein großer Teil von ihm liegt bereits hinter uns, hinter mir,

Blackälven im Padjelanta, einst ein geheimer Opferplatz der Samen, ist durch den Staudammbau unter Wasser. Im samischen Gemeindegebiet von Jokkmokk liegen allein 10 Kraftwerke. Die samische Gemeinde will die Werke in eigene Regie nehmen, die Gewinne dort verwenden, wo sie produziert werden. Aber alles liegt in der Hand des schwedischen staatlichen Konzerns »Vattenfall«, dahin fließen alle Gelder.

In dem Augenblick knallt ein Schuß. Ich bin erschrocken, schreie aber gleichzeitig vor Freude. Lausche. Ein zweiter Schuß. Nichts. Kein Mensch ist zu sehen, zu hören.

Ich beschließe, am Strand ein Abschiedsfeuer zu machen. Schlendere ein Stück in Richtung Vaisaluokta. Überall am Ufer liegen skurrile Schwemmhölzer, ich sammle sie. Als ich mit dem Aufschichten beginnen will, biegt ein Boot um die Ecke. Ich winke, rufe; das Boot ändert die Richtung, kommt direkt auf mich zu. Im Boot sitzt ein Same. Er ist vielleicht fünfzig. Ich rufe eines der wenigen samischen Wörter, die ich kenne, rufe: bures; er erwidert: bures, bures. Ich sage ihm, daß ich zum anderen Ufer möchte und keine Fähre mehr übersetzt. Morgen in der Frühe fahre er über den See nach Ritsem. Ob ich ein Zelt habe, fragt er, und ohne die Antwort abzuwarten, ich könne bei ihm in seiner Kåta übernachten. Er winkt

mich in sein Boot, ich steige ein, mein Mund bleibt offen, ein warmes Gefühl durchströmt mich: was für ein Glück habe ich, ich werde übergesetzt von einem Samen und zum Abschluß meiner Wanderung erhalte ich noch die Einladung zur Übernachtung in einer Samenhütte.

Der Same ändert die Richtung, fährt wieder auf den See hinaus zu seinen Fischnetzen. Angelangt am ersten Netz, holt er es ein. Drei Saiblinge sind darin. Er bedeutet mir, mich an die Ruder zu setzen und das Boot langsam weiterzubewegen, damit er das Netz wieder straff auslegen kann. Er steht im Boot, sieht sich um, fragt mich in einer Mischung aus Englisch und Schwedisch, ob ich Fisch esse, er weist auf die drei Saiblinge, die er in einen Plasteeimer geworfen hat, das seien ausgezeichnete Fische, ich müsse sie unbedingt probieren. You must äta fisk, sagt er, wiederholt es, lacht, fragt mich nach

meinem Namen, sagt, er heiße Lasse. Er steuert aufs Ufer zu, in Änonjalme steigen wir aus dem Boot, ziehen es an Land. Gehen zu seiner Hütte hinauf. Ich will es nicht glauben. Sie liegt dem Akka-Massiv direkt gegenüber. Eine Handbewegung. Der Same bittet mich in seine Hütte. Es ist ein Häuschen mit zwei Räumen, die mit Holz verkleidet sind. An den Wänden hängen Elchgeweihe, zwei Gewehre, eine Uhr und Familienbilder. Wir stehen in der Küche, er weist auf die schwedische Kastenbank, hier könne ich schlafen. Er macht sich am Herd zu schaffen, öffnet – mit fahrigen Bewegungen – Schubladen und Brotkasten. Deutet, ich solle mich an den Tisch setzen. Stellt mir Polarbrot hin, Butter und einen geräucherten Saibling. Äta, sagt er, äta. Als er sieht, daß ich ein Messer habe, legt er nur eine Gabel neben meinen Teller. Er gießt Birnensaft in ein Glas. Dricka, sagt er, dricka. Der Geruch von gebratenem Fisch durchzieht die Hütte, der Same

wendet die Fische mit Schwung, rüttelt die eiserne Pfanne mehrmals auf der Herdfläche hin und her, stellt dann die heiße Pfanne auf den Tisch. Er selbst hat sich keinen Teller genommen, es sei alles für mich, sagt er. Drei große Saiblinge, es ist eine riesige Portion; ich, sieben Tage nur Tütensuppen gewöhnt, werde fast ohnmächtig beim Essen. Der Same betrachtet mich aus seinen kleinen listigen Augen, er lächelt verschmitzt. Wenn ich für einen Moment nur innehalte, ermuntert er mich, weiterzuessen. Dann hantiert er am Herd, Wasser sprudelt, er stellt eine ganze Kanne Kaffee vor mich hin, wenn ich fertig mit dem Fisch sei, solle ich sie austrinken. Er geht in den anderen Raum, Radiomusik ertönt, ich bin beim zweiten Saibling, er kommt zurück, hat sein Gewehr in der Hand, er gehe noch ein wenig auf Elchjagd, sagt er, schließt die Hüttentür hinter sich.

Ich esse den Fisch tatsächlich auf, mit übervollem Magen laufe ich dann zum Seeufer hinunter, ziehe mich aus und bade in dem eiskalten Wasser. Die schneebedeckten Berge von Ritsem liegen auf der anderen Seite.

Die Sonne geht unter. Weit gestaffelt stehen Schönwetterwolken am Himmel. Das Akka-Massiv, der heilige Berg der Samen, leuchtet in zartem Rosa. Mit einem Mal taucht Lasse am Strand auf, das Gewehr lässig in der linken Hand, es sei zu windig für die Elchjagd. Ich frage mich, ob für den Elch oder für ihn. Er wartet, bis ich mich angezogen habe, wir gehen gemeinsam zu seiner Hütte zurück. In der Hütte sagt er: We must have TV und schaltet einen kleinen Schwarzweißfernseher ein, der mit einer Autobatterie betrieben wird. Wir sitzen und sehen Nachrichten: Krieg in Tschetschenien, in Bosnien und eine neue Biersorte in Schweden. Nach den Nachrichten eine Sportsendung. Lasse brummt unwillig, als

er merkt, ich will keinen Sport sehen. Er steht auf, bietet mir einen Tee an, legt sich wieder aufs Bett, den kleinen Bildschirm im Blickfeld. Er hat nur die Stiefel ausgezogen; jedesmal, wenn die Hubschrauber mit den Bohlen über das Tal fliegen, kriecht er zum Fenster und sagt: Two Helikopter. Das Programm wechselt wieder. Ich bin sehr müde. Endlich, ich bin erleichtert, weist Lasse auf die Kastenbank. Ich kann zu Bett gehen. Er sieht weiter fern. Über der Kastenbank hängt ein Elchgeweih, ich blicke hinauf, ich liege fernab von jeglicher Zivilisation in der Hütte eines Samen und höre im Einschlafen die Dialoge und Explosionen eines amerikanischen Science-fiction-Films.

Am Morgen, als ich erwache, hantiert Lasse schon am Herd, in Strümpfen und ausgeleierten Pantalons geht er umher. Er hat zum Schlafen nur Stiefel und Hosen ausgezogen. Wir frühstücken und der Same fährt auf den See hinaus, um die

Netze zu kontrollieren. Mit einem Eimer voller Fische kommt er zurück. Dann zeigt er mir die vier Hütten, die ihm noch gehören. Zeltförmige Kåtas, Erdhügel, es sieht in ihnen ähnlich aus wie in anderen Samenhütten, die ich gesehen habe: gußeiserne kleine Öfen, Küchenschränke, wie man sie in den sechziger Jahren hatte, Kastenbänke, leere Flaschen und Bierbüchsen und immer eine Jagdtrophäe. Dann helfe ich Lasse beim Zusammenpacken. Als wir fertig sind, gehen wir zum Ufer des Akkajaure hinab, dorthin, wo sein Boot liegt.

Er: Später erfahre ich Lasses Geschichte. Er ist nicht fünfzig, wie ich vermutete, sondern fast siebzig. Er gehört zu den Sirkas-Samen. Lasse Tuorda heißt er. Hjalmar Hermodsson aus Älvsbyn erzählt mir von ihm. Über dreißig Jahre liegt es zurück, daß er ihn kennenlernte. 1968 war es, der Kraftwerksbau wurde forciert, die zweite Staustufe am Akkajaure in Angriff genommen. Die Rodungen um den See begannen. Gutes Geld sei da zu verdienen gewesen. Der alte Hermodsson lacht, stößt seine spitze Nase in die Luft. Er war damals einundvierzig, war Waldarbeiter, besaß eine kleine Säge-Werkstatt. Hart sei es gewesen, die Straße nach Ritsem habe es noch nicht gegeben, von Suorva aus seien die Holzfäller mit Helikoptern an die Rodungsorte geflogen worden. Er nach Änonjalme. Mitsamt seiner Familie, seiner Frau Märit; den Kindern, neun und dreizehn. Nur die älteste, Synnöve, blieb in Älvsbyn. In Armeezelten hätten sie anfangs kampiert, später habe er eine Hütte gebaut. Drei Sommer lang, von Mitte Juni bis Anfang September, hätten sie dort die Uferzone gerodet, um vierzehn Meter sollte der Wasserspiegel des Sees steigen.

Da, 1968, habe er Lasse, den Samen, und seine beiden Brüder Jonas und Anund Tuorda kennengelernt und sich mit ihnen angefreundet. Besonders mit Anund. Der habe behauptet, daß seine Säge die schärfste sei. Hjalmar lacht, wieder stößt die spitze Nase in die Luft, er habe ihm bewiesen, daß seine schärfer sei, und dann die von Anund ebenso scharf gemacht. Das habe ihre Freundschaft begründet. Er habe fortan in den Gewässern der Tuordas fischen, sogar ihre Netze benutzen dürfen. Lasse sei er auch im Winter wieder begegnet, sie hätten zusammen an Skiwettbewerben teilgenommen.

Lasse sei den Frauen stets sehr zugetan gewesen. Nein, erwidert er auf meine Frage, verheiratet war er nie. Aber Anund. Mit Siri-Maria. Vier Kinder haben sie, ein Sohn ist Ingenieur, einer Lehrer, die Tochter ist nach Süden gezogen, nur der älteste konnte Rentierzüchter werden. Mit Siri-Maria, erzählt der alte Hermodsson, sei er noch nach Anunds Tod befreundet geblieben, habe ihr die Hütte in Änonjalme verkauft. Dort lebe sie im Sommer, backe, nach samischem Brauch, auf heißen Steinen glödkaka, hauchdünnes, süßliches Brot für die Wanderer, verkaufe ihnen frisch geräucherten Fisch.

Ich werde Siri-Maria begegnen, werde ihren Sohn, den Rentierzüchter, bei der Rentierscheidung in Kuorpak sehen, werde in Änonjalme an Lasses Hüttentür klopfen, aber er wird auf der Jagd sein. Zwei Fernseher – sehe ich durch das Fenster – hat er jetzt in seiner Hütte und das Bild einer schönen Frau steht daneben. Ob es Proteste der Sirkas-Samen gegeben hat, frage ich Hjalmar, als Land und Wasser diese Eingriffe durch Kraftwerks- und Staudammbau erfuhren, dieses Land, auf dem seit Jahrhunderten ihre Rentierherden im Sommer weideten, dieses Wasser, in dem ihre Väter und Vorväter fischten. Hjalmar macht eine Geste mit Daumen und Zeigefinger; der reiche Energiekonzern habe Abfindungssummen gezahlt, Anund zum Beispiel hätte sich dafür ein Haus in Porjus gekauft. Das Hemd sei einem stets näher als der Rock. So einfach sei es. Märit widerspricht heftig, massiven Widerstand habe es gegeben, sogar einen Bombenanschlag auf ein Kraftwerk, aber ein aussichtsloser Kampf war es; David gegen Goliath. Eine Pause entsteht, und dann erzählt Hjalmar die Geschichte von dem ältesten Tuorda, von Jonas. Und Märit, die etwas abseits sitzt, seufzt verstohlen. Als 1971, nach dreijähriger Rodungszeit, der Akkajaure-Stausee geflutet, der Wasserspiegel um vierzehn Meter erhöht wurde, fuhr Jonas, wie er es immer getan hatte, mit seinem Boot zum Fischfang hinaus. Er sollte nie zurückkehren. War der See, ihm seit der Kindheit vertraut, ein anderer geworden? Was geschah, erfuhr niemand. Und niemals gab der Stausee die Leiche von Jonas Tuorda zurück.

Er: Der Morgen ist kühl, ein leichter Nebelschleier liegt über dem See. Ich helfe Lasse das Boot mit der Winde ins Wasser zu bringen. Wir steigen ins Boot. Lasse wirft den Motor an. Als sich das Boot vom Ufer entfernt – der Nebel ist dichter geworden –, sehe ich, ich bin überrascht, das Boot ist voller Leute. Lasse, der Same, aber ist nicht mehr zu sehen, statt seiner sitzt ein anderer an der Ruderbank, ist der Fährmann. Er kommt mir bekannt vor. Seine hagere Gestalt, sein scharfgeschnittenes Gesicht. Mit langsamen, gleichmäßigen Bewegungen taucht er die Ruder ein. Neben dem Fährmann sitzt eine kleine Gestalt, ein Kind. Mit langen Zügen zieht der Fährmann die Ruder durch das Wasser. Die rhythmische Wiederholung.

Ich wende mich um, will die Gesichter der anderen Bootsinsassen sehen. Es gelingt mir nicht, sie verschwimmen vor meinen Augen. Aber unten auf den Holzplanken des Bootes sehe ich Gegenstände umherliegen. Ein kleines Fernglas, Filmrollen, einen Paß der Kanzlei zu Uppsala, Wanderstöcke, Fellranzen, Kameraausrüstungen, eine Fliegerhaube, Hirschfänger, Notizbücher, lose Blätter, auf einem steht: *Fortgesetztes Verzeichnis der Steine*. Zwei zerfurchte Hände halten eine weißgegerbte lederne Tasche, meine Blicke wandern zum Gesicht, es ist unkenntlich, ich ahne, es ist nicht mehr

das des jungen Mannes, des Vierundzwanzigjährigen, der durch Lappland wanderte, sein Leben dabei aufs Spiel setzte; es ist das eines alten berühmten Mannes mit Ehrenzeichen, er ist gekleidet, sehe ich, als ginge er zum Empfang der Schwedischen Akademie. Auch neben ihm ein Überrock, an dem Orden blitzen, ich erkenne den Falkenorden des Weimarer Fürstentums, den Annen- und den Napoleon-Orden. Aber wo ist der Freund des Ordensträgers, jener Freund aus der Straßburger Zeit. Auf der Strecke geblieben?

Das Schlagen der Ruder. Der Nebel. Ich vernehme Stimmen. Eine weibliche, hell, leise, mir seit der Kindheit vertraut, die Stimme meiner Mutter, im Zwiegespräch mit der des Fährmanns. An seinem leicht böhmisch eingefärbten Akzent erkenne ich, wer er ist. *Es bleibt nichts anderes als das Werk*, höre ich ihn sagen. Und: *Du verlierst nichts von dem, was du einmal warst, und bist gewesen, was du erst wirst.* Und da auf einmal sehe ich auch die schmale Gestalt des Livländers im Boot. Und der Fährmann taucht seine Ruder ins Wasser und die Stimmen schwinden und die Ruder schlagen rhythmisch in die Stille. Und der Nebel lichtet sich. Und ich bin allein im Boot, nur Lasse, der Same, ist mit mir und der Bootsmotor dröhnt.

Die Luft ist schneidend kalt. Ich sehe die erodierten Ufer hinter den Staumauern, denke an das Monument »Kraft«, das die Samen den Grabstein nennen. Die Sonne kommt und die Wasserfläche des Akkajaure ist spiegelglatt und schön und scheint mir unendlich, und der Kiel des Bootes hebt sich aus dem Wasser, Lasse dreht den Motor bis zum Anschlag auf und das Boot zieht mit lautem Geräusch über den See. Wird es das Wasser auf der Erde sein, das als erstes zu Ende geht, wird auch das Wasser an uns sterben?
Schweigend fahren wir über den See. Das Akka-Massiv bleibt langsam hinter uns. Lasse macht eine Kopfbewegung zum Akka hin, als wolle er mich zum Abschiednehmen auffordern. Am andern Ufer liegen in der Ferne die schneebedeckten Berge. Wir steuern auf das Ufer zu. Und auf einmal verwandelt es sich in die Phantasmagorie einer Großstadt, mit Neonlichtern, grellbunten Reklamen, an- und ausgehend, nervös zuckend; ich bin wieder im überfüllten Wartesaal, renne Datenhighways entlang, sehe mich in der Schönhauser Allee inmitten der Autospuren. Und wieder erscheint mir die Stadt spiegelverkehrt, ich sehe sie von unten, und wieder gleicht sie einer Luftaufnahme

im Krieg. Und ich weiß, meine nächtlichen Alpträume in den Bergen, von Endzeit, Maschinenmenschen, Stahltreppen, metallenen Leitern und engen Gängen, in denen ich mich an verschwitzten Menschenleibern entlangdränge, werden wieder Realität. Ich muß in die Zivilisation zurück. Ich versuche mir ihre Annehmlichkeiten vorzustellen. Schwanke, bin traurig, ratlos. Frage mich, wie ich die Stille, die Einsamkeit der sieben Tage in den Bergen in mir festhalten kann.

Und dann schwindet die Vision der Großstadt und ich sehe deutlich am anderen Ufer nach Saltoluokta zu ein leuchtend grünes Tal, das sich aufwärts zieht, und in dem Tal sehe ich die Hütte eines Samen. Und die Zeit springt, sie läuft voraus, es ist Jahre später. Ich werde dort mit der Frau sein, die ich liebe, und wir werden eine Torfkate von einem Samen mieten, werden dort übernachten und die Frau wird ängstlich sein, weil sie bei Carl von Linné gelesen hat, daß die Samen die Bräute der Fremden rauben. Und wir werden in dieser Hütte in den Bergen Lapplands in der Umarmung dieser Nacht ein Kind zeugen. Und werden ihm den Namen Noah geben.

Tage- und Nächtebücher aus Lappland
Blixten härjade i Roknäs

Erster Tag: Er: Aufbruch in Kvikkjokk – der Fährmann – die Antwort des Körpers **Sie:** auf dem Kopf laufen – Atemzüge – grüner Waldtunnel **Er:** Verwandlung der Füße – auf samischem Boden – die Legende von Jubmel 8

Er: Erinnerung an die erste Begegnung mit dem Norden – Klangraum Stille – das Leben ändern – der Himmel eine Leinwand **Sie:** das Haus am Polarkreis – Zufälle des Lebens – Kammer in Roknäs – Camera in Rom **Sie:** Erinnerung an Gespräche am Feuer **Er:** Abend – am Ufer des Luoppal-Sees – Glücksheulen **Sie:** Erschöpfung – Angst – das schützende Zelt **Erste Nacht: Sie:** der Traum vom rollenden Kopf 24

Zweiter Tag: Sie: die Steine am Morgen – Rentiere **Er:** Loop im Kopf – Bilderstrom – Hüttenwärterinnen – meine Kleidung – der Wanderer Linné **Sie:** die Nacht unter den Augenlidern: Mitternachtssonne **Er:** die Geschichte von der Unna Allakas – der Offizier – junge Samen 40

Sie: Morgenfüße – Gras – Erde – Wandern als stiller Rausch **Er:** in der Touristen-Hütte – Rentner auf Spitzbergen **Sie:** Alleinsein, um sich selbst zu begegnen – Goethe in Italien – Homer Simpson in Rom **Er:** Soundscape – Taubheit – Neid **Sie:** Abendfüße – Dunkelheit als Haus – das Gesicht in den Handflächen **Zweite Nacht: Er:** der Traum Berlin – Schönhauser Allee 54

Dritter Tag: Er: Stille – ein weißes Blatt füllt sich – Tarradalen – die Landschaft eine Bühne **Sie:** Aufstieg zum Tuottar-Plateau – die Füße skandieren Narvik – Krieg – Erinnerung an 1940 – Pakete aus Schweden **Er:** Biographie umschreiben **Sie:** römische Sommerhitze – Erinnerung Fahrt mit dem Postbus nach Norwegen – Briefe ins Niemandsland – Topographie des Lebens **Sie:** Schneesturm – in das Elementare zurücksinken **Sie:** Schutz in der Tuottar-Hütte – Augen im Spiegel 70

Er: Iglubau – Schlafen im Schnee – Stecknadelmusik – Wärme – Schneelichter **Dritte Nacht: Sie:** der Traum vom Krieg im Ofotenfjord 84

Vierter Tag: Sie: Frieden auf Vorrat – Schweigen – kleine bleiche Telegramme von der Welt – die Erde als Destillationskolben **Er:** nackt im Bergsee Tjekimjaure – Fühmanns Gesicht – Wandzeitungen – Besuch in Rom – die kleine Statue – Bergbesteigung in Rom – der Vergleich des Disparaten **Er:** »Ich spende Haar an Lenzens Grab« 92

Er: die Landschaft gehört mir – der Fährbetrieb ist eingestellt – Gewitter im Nebental **Sie:** das Schauspiel Gewitter – Sinneswandel im Norden – Blitzeinschlag **Sie:** Geschichte des Hauses in Roknäs – die Sjöbergs **Sie:** die kleinen Dinge – Jan, der Gerber – Winter in Roknäs – Selbstmörder Mond **Sie:** der Fluß Pållaurjåkkå – die Mitte der Wanderung – die Zeit fließt durch die Schläfen **Er:** die Brücke über den Pållaurjåkkå – die Hälfte der Wegstrecke – Begegnung: Mann und Frau am Feuer 102

Sie: am Rengatter – Erinnerung an die Samin Svea in Jokkmokk **Er:** Staubschleier auf der Hochebene – Rentierscheidung in Kuorpak – die Samen bei der Arbeit – Mahlstrom der Leiber – zwei Männer töten ein Tier **Sie:** die Nacht senkt sich – Rengatter – Gefangensein im Haus mit dem Strohdach **Vierte Nacht: Sie:** der Traum vom Reiter mit dem Stirnband / der Altar der Scheuerfrau 114

Fünfter Tag: Sie: Nahsicht mit Fernglas **Er:** der Polarfuchs – der schwarzgallige Melancholicus **Er:** Rast in der Stalualokta-Hütte – Heißhunger – die Geschichte der Surströmming-Party **Er:** virtuelle Landschaft – Sven Hörnell **Sie:** in Riksgränsen bei Hörnell 126

Er: der See Virihaure – Klangfläche Aphex Twin – Geometrie der Landschaft – Glücksfieber **Sie:** Virihaure – Droge des Schweigens – Panik – im Samendorf Arasluokta – Vision am Feuer – Saminnen 138

Er: Nachtgespräche in Arasluokta – Fremdling – Demut – Nordlicht – die kalte Dunkelheit **Sie:** Winterjahrmarkt in Jokkmokk **Fünfte Nacht: Er:** »No time to lose«-Traum 148

Sechster Tag: Er: Lagerordnung: die Gehirne werden zerlegt – das Samendorf als Luftbild – Erinnerung an die Armee – Dreck im Kopf **Sie:** im Nebel – Fragmente – Stille **Er:** am Delta des Miellätno – das Böse bleibt auf der Strecke – ab jetzt wird alles Arbeit sein **Sie:** meine völlig andere Arbeitsweise **Sie:** Schriftzug der Birken – Windgestalten **Er:** Cañon am Låddejakka – Wasser – barocke Formen 160

Er: Aufstieg zum Latatj – Grasland – Verirren – das Akka-Massiv – Rhythmus der Gräser – Zuschauervision – Erhebung – Schlund – Sturz **Sechste Nacht: Er:** der Traum vom roten Raum 176

Siebenter Tag: Er: strömender Regen – graugelbe Wolken – der dicke Mann im Birkenwald – die Brücke über den Vuojatätno 170

Sie: Flußlauf Vuojatätno – ab jetzt ist es spät – Mäander der Erinnerung – unentzifferbare Dokumente – Sprache als Faden durch das Labyrinth – Hand der Ideologie – Hand der Männer – stinkender Atem des Apparates – Schweigen als Stärke – Training des aufrechten Ganges – Leben mit Maske – aus der Bahn geschritten – Lebensschuld – das Floß – Liniengewirr – Schutzwall der Freunde – Metamorphosen der Liebe – die Arbeit und die Kinder 192

Sie: Akkajaure das Ende der Wanderung – die Grenze des Körpers – Abstieg – der dicke Mann – Ankunft an der Brücke – der schlafende Wanderer – Tagtraum vom Wassertheater 204

Er: Ankunft in Änonjalme – der eingezogene Landungssteg – Schüsse – der Same – die Einladung – die Nacht in der Hütte **Er:** Staudammbau – die Geschichte von Lasse Tuorda und seiner Familie **Er:** der letzte Morgen – die Überfahrt – Fühmann als Fährmann – Abschied vom Akka – Phantasmagorie der Großstadt – Verlust – die Zeit springt 210

Die Zitate im Text sind folgenden Werken entnommen: Carl von Linné: *Lappländische Reise und andere Schriften*. Leipzig 1980, Johann Wolfgang Goethe: *Sämtliche Werke, Briefe, Tagebücher und Gespräche* (Frankfurter Ausgabe). Frankfurt am Main 1985 ff., Georg Büchner: *Werke und Briefe*. München 1988, J.F. Mathey: *Hundertwasser*. Bindlach 1992, Reinhard Lettau: *Zur Frage der Himmelsrichtungen*. München 1988, Franz Fühmann: *Unter den Paranyas*. Rostock 1988, *Das Hohelied Salomos*, Altes Testament. Die Bibel, Cassel 1903.
Der Nacherzählung der samischen Legenden von *Jubmel* und *Batje* und *Nanna* liegt Valdemar Lindholms *Märchen und Sagen aus Lappland*, Leipzig 1989, zugrunde. Die Fotocollage S. 91 erfolgte unter Verwendung eines Fotos aus dem Buch F.O. Busch: *Narvik*. Gütersloh 1940. Die Zeichnung auf S. 164 f. wurde nach der *Fjällkartan BD 10.* Lantmäteriverket, Gävle 1994, gemacht. Für die Gestaltung der Seiten 8, 40, 70, 92, 126, 160 und 186 wurde diese Karte ebenfalls verwendet. Der Europa-Karte S. 26 f. liegt der *Volks- und Familienatlas* Velhagen und Klasings 1901 zugrunde. Dem Layout der Seite 104 liegt die Ausgabe der Zeitung *Piteå Tidningen* vom 10. Juli 1998 zugrunde.
Für die Erlaubnis, die Rentierscheidung zu fotografieren, Seite 116/117 und 120/121, danken wir den Rentierzüchtern der Sirkas-Samen. Die Bildrechte auf S. 202 und 203 von zwei Fotos liegen bei Roger Melis, von drei Fotos bei Ute Karen Seggelke, von einem Foto bei Peter Rieke, die übrigen privat. Die Rechte für das Fühmann-Porträt S. 221 liegen bei Renate von Mangoldt. Die Rechte für das Videostandbild auf S. 124 f. liegen bei Tobias Damm. Sämtliche anderen Rechte für Fotos, Graphiken, Collagen und Objektfotografien liegen bei Joachim Hamster Damm.

Insel Verlag Berlin 2011
Alle Rechte vorbehalten, insbesondere das der Übersetzung, des öffentlichen Vortrags sowie der Übertragung durch Rundfunk und Fernsehen, auch einzelner Teile. Kein Teil des Werkes darf in irgendeiner Form (durch Fotografie, Mikrofilm oder andere Verfahren) ohne schriftliche Genehmigung des Verlages reproduziert oder unter Verwendung elektronischer Systeme verarbeitet, vervielfältigt und verbreitet werden. Gesamtgestaltung: Joachim Hamster Damm, Berlin. Bildproduktion: Tobias Damm und Joachim Hamster Damm, Berlin. Satz: Tobias Damm. Druck und Bindung: Kösel, Krugzell. Printed in Germany. Erste Auflage dieser Ausgabe 2011. ISBN 978-3-458-17526-1